Hildegard Schaufelberger

Märchenkunde für Erzieher

Hildegard Schaufelberger

Märchenkunde für Erzieher

Grundwissen für den Umgang mit Märchen

Herder Freiburg · Basel · Wien

5. Auflage

Einbandfoto: Hartmut W. Schmidt, Freiburg

Vorwort

Zum Lesen dieses Buches, das sich vorwiegend an Erzieher richtet, sind auch alle eingeladen, die einen konzentrierten Überblick bekommen wollen über das Phänomen Märchen: Das Märchen als Objekt verschiedener Wissenschaften, der Pädagogik und einfach der Freude. Das Volksmärchen ist in unserer Zeit hochaktuell, nicht nur für Kinder. Auch die Erwachsenen haben es sich zurückerobert.

Weil mir aus meiner vielseitigen Tätigkeit mit dem Märchen beim Schreiben auch immer vielerlei Menschen mit vielerlei Interessen vor dem inneren Auge standen, ist das Buch mir zu einer Art Lesebuch geraten. Verstehen Sie ruhig: Schmökerbuch. Natürlich lag mir ein didaktischer Aufbau am Herzen, bei dem sich eins aus dem anderen entwickelt. Aber man kann sich durchaus auch einzelne Kapitel herauspicken, die dem einen oder anderen besonders interessant zu sein versprechen. Gerade für solche Leser habe ich aus dem Gerüst des Aufbaus in späteren Kapiteln Wichtigstes noch einmal angetippt. Sagen Sie nicht: „Ich will ja Märchen nur erzählen. Das kann ich viel besser unbelastet von verkopftem Humbug". Das stimmt nicht. Wir besitzen sie nicht mehr, die Weisheit der Weltzusammenhänge, die sich in guten Volksmärchen ausdrückt. Wir müssen sie wiedergewinnen. Vielleicht hilft dies Buch ein wenig dazu.

Übrigens: Eine Verengung soll sie nicht bedeuten, die bevorzugte Konzentration auf Märchen der Brüder Grimm. Wir sollen uns alle wohlfühlen auf vertrautem Boden. Das war meine Absicht. – Und zum Schluß zur verwendeten Literatur: Zur Zeit ist eine solche Fülle Sekundärliteratur auf dem Buchmarkt, daß nur noch Aschenputtel ihr gewachsen wäre. Ich habe daher versucht, das für Sie Wichtigste und Interessanteste auszuwerten und darzustellen. Sie finden die Titel im Text und im Anhang. So können Sie das eine oder andere Thema noch durch zusätzliche Literatur vertiefen.

Die Autorin

Inhalt

Wie das Märchen zum Kindermärchen wurde

Mythos und Märchen

Das Märchen ist so alt wie die Menschheit selbst. Sagt man. Das stimmt – und das stimmt nicht. Wer dieses Buch zu Ende gelesen hat, wird mehr darüber wissen. Wenn es stimmt, dann transportiert es Menschheitserfahrung, die es auf seinem weiten Weg aufgenommen, abgelegt und wieder erneuert hat. Dann darf man sich aber auch nicht wundern, wenn Handlungen geschehen, die absolut fremd und unbegreiflich scheinen.

Das Märchen könnte sich aus dem Mythos entwickelt haben – aus den religiös zu verstehenden Vergegenwärtigungen urzeitlicher Ereignisse und einer Götterwelt, die sich bisweilen recht munter zu tummeln verstand. Den Brüdern Grimm lag diese These außerordentlich am Herzen, zumindest, soweit es den germanischen Götterhimmel betraf. Denn ihre ganze Arbeit galt dem neuen Nationalbewußtsein ihrer Zeit, das sie mit Thesen untermauern wollten. Nach der altnordischen Sage zum Beispiel ist die schlafende Brunhild von einem Flammenwall umgeben. Nur Sigurd allein kann ihn durchdringen und sie wecken. Die Spindel, womit sie sich stach und wovon sie einschlief, ist der Schlafdorn, womit Odin sie strafte. – Wer denkt da nicht an Dornröschen? Hier zeigt sich bereits: Das Märchen ist profan im Gegensatz zum sakralen Mythos. Zur Bekräftigung noch ein anderes Beispiel, diesmal aus der griechischen Mythologie:

Tantalos sündigte, indem er zu einem Gastmahl der Götter nicht ein stellvertretendes Tier, sondern das Beste, was er zu geben hatte, seinen eigenen Sohn, opferte. Er schlachtete den kleinen Pelops, zerstückelte ihn und ließ das Fleisch in einem Kessel kochen. Damit wollte er die Allwissenheit der Götter auf die Probe stellen. Doch die Götter wußten es, sammelten die Knochen, stellten die Stücke wieder zusammen und ließen den Knaben wieder auferstehen. Leider hatte eine Gottheit doch von dem Fleisch gekostet, und so fehlte dem wiedererstandenen Pelops ein Stück der Schulter.

Und wie ist das im „Machandelboom"? Auch dort wird der Bruder von der Mutter zerstückelt, gekocht und dem Vater vorgesetzt. Marleenken aber sammelt heimlich die Knochen und trägt sie unter den Machandelbaum, wo der Bruder – vorerst zu einem herrlichen Vogel – wieder aufersteht. Doch ersparen wir dieses Märchen den Kindergartenkindern.

Mythos ist also nicht gleich Märchen. Nur treten manche mythischen Motive im Gewand des Märchens auf. So finden sich im Gilgamesch, der im 3. Jahrtausend v. Ch. in Babylon entstanden sein muß und der erst 1847 im angewehten Sand auf Tontafeln entdeckt wurde, die Motive des Abstiegs in die Unterwelt, der Überfahrt über das Meer des Todes und das vom Wasser des Lebens. In altägyptischen Papyri gibt es von 1300 v. Ch. beispielsweise das Meisterdiebmotiv. Die Bibel, die natürlich nicht eigentlich eine Mythensammlung, sondern Offenbarung ist, geht mit der Geschichte von David und Goliath ein in das Starke-Hans-Motiv, und die Simson-Geschichte liefert etwa das Motiv der Rätselmärchen. Die Antike hatte auch ihren „Starken Hans" (das Bedürfnis danach dürfte wohl in jedem Land zu jeder Zeit zu finden sein!), der ihre war Herkules. Und dann schenkte sie uns das berühmteste Märchen des Altertums, nämlich „Amor und Psyche", das wir in bescheidenerer, aber immer noch großartiger Form im „Singenden springenden Löweneckerchen" bei Grimm wiederfinden.

Entwicklung des Märchens

In Deutschland

Natürlich können wir hier nicht die Entwicklung des Märchens in der ganzen Welt aufzeigen. Das wäre eine wissenschaftliche Aufgabe, und dafür ist dieses Buch nicht da. Bleiben wir also in Deutschland, es werden sich noch genug

Fremdeinflüsse zeigen. Vorweg gesagt: Es gibt überhaupt
nicht so viel deutsche Märchen, wie man gerne annehmen
möchte, höchstens Märchen in deutscher Sprache. Wir werden sehen, warum.

Das frühe Mittelalter liefert uns Literatur mit märchenhaften Elementen, die als Hinweis auf die Existenz von
Volksmärchen aufgefaßt werden können. Zweifellos stecken
auch in den deutschen Heldenepen zahlreiche Märchenzüge
und -motive. Viele Wandermärchen kommen aus Indien
über Frankreich nach Deutschland. Nicht zu unterschätzen
ist die mündliche Überlieferung, die vorwiegend der Unterhaltung diente und sich frei und spontan äußerte. Aber bald
trat neben sie das Buchmärchen, bedingt durch die fortge-
schrittenen Druckmöglichkeiten, das zum Vorlesen gedacht
war (es gab noch nicht viele, die lesen konnten), und das die
Überlieferung und Wanderung von Motiven unterstützte.
Besonders interessant und neuerdings von der Presse atta-
kiert ist die Existenz von Predigtmärlein im Mittelalter und
später. Sie zeigen, daß auch die lehrhafte Seite im Märchen
erkannt und nutzbar gemacht worden ist.

Wie der „Spiegel" berichtet (in Nr. 35/1984), „trugen Missionsor-
den christliche Erbauungsgeschichten in die Spinnstuben und aufs
Feld ... Was später von den romantischen Märchenforschern als
‚Gemütsfülle des Volkes' angesehen wurde, zeugte oftmals nur vom
Geschick der Gegenreformation, etwa im ‚Marienkind': Die Geschichte vom Kind, das ein Gebot übertritt, die Tat leugnet und als
Königin erst auf dem Scheiterhaufen sich zu dem Fehlverhalten be-
kennt, ist eine vorzüglich erdachte Beispielerzählung zur Lehre von
der vollkommenen Reue".

Als Predigtmärlein gilt auch „Die ungleichen Kinder Evas"
(KHM = Kinder- und Hausmärchen Nr. 180). Hier wird
der Unterschied der verschiedenen Stände erklärt und als
gottgegeben dargestellt.

Wie Märchen sich dem Stil ihrer Zeit anpassen, sei hier am
Märchen von den drei Wünschen beispielhaft dargestellt:

Die drei Wünsche (Der Stricker, 13. Jh.)
Ein armes Ehepaar betet um himmlischen Segen, ein Engel erscheint und gewährt ihnen drei Wünsche. Der Mann überlegt es

sich genau und schwankt fürs erste zwischen einem Berg Gold mit
fester Mauer drumherum und einer Schatztruhe, die nie leer wird.
Jedoch auch die Frau meldet ihre Wünsche an, aus Gerechtigkeit,
wie sie sagt. Und schon hat sie einen ausgesprochen: Sie wünscht
sich das schönste Kleid der Welt. Der Mann gerät daraufhin in Zorn
und wünscht ihr das Kleid hinein in den Bauch. Der zweite Wunsch
ist weg. Als dritten bleibt ihm auf agressives Drängen der Nachbarn nichts anderes übrig, als das Kleid wieder herauszuwün-
schen, und es herrscht Armut wie zuvor.

Das Märchen wandelt sich im 16. Jh. in den grobianischen
Stil:

Die drei Wünsche (Hans Sachs, 16. Jh.)
Hier erscheint statt einem Engel St. Peter. Die Frau kommt wieder
vorlaut ihrem Mann zuvor. Was sie sich wünscht, ist eine Hechel
(kammartig, zur Flachsbereitung). Der Mann ist so aufgebracht,
daß er ihr die Hechel in den ... wünscht. Der Rest sei unserer Phantasie überlassen.

Die drei Wünsche (J. P. Hebel, 1760–1826)
Das Märchen ist zum Kalenderschwank geworden. Hier steht neben dem lehrhaften das unterhaltende, belustigende Moment im
Vordergrund. Bei Hebel wird der Frau eine Bratwurst an die Nase
gewünscht.

In Italien und Frankreich

Im 17. Jh. macht sich ein starker Einfluß des italienischen
Barock auf das deutsche Märchen bemerkbar, vor allem des
„Pentamerone" von Giambattista Basile. Aber wie das beim
Barock eben so ist: Allegorien herrschen vor, Wortspiele und
Sprachfloskeln. Gegen Ende des 17. Jh. kommt es in Frankreich ebenfalls zu einer wahren Märchenmode – vor allem
bei Hof. Der wichtigste und für das spätere deutsche Märchen folgenreichste Name, der hier zu nennen ist, ist Charles
Perrault. Da für den Hof und immer noch nicht für Kinder
geschrieben, sind seine Märchen keineswegs wunderbar,
vielmehr ironisch, rationalistisch, moralisch und voll eroti-
scher Anspielungen. „Contes des Fées" heißt seine Sammlung von 8 Märchen, wobei seine Feen eher Ausgeburten der
Aufklärung sind. Interessant sind für uns die Titel dieser
Märchen:

La belle au bois dormante (Dornröschen)
Le petit Chaperon rouge (Rotkäppchen)
La Barbe-Bleu (Blaubart)
Le Chat botté (Der gestiefelte Kater)
Les Fées (Frau Holle)
Cendrillon ou la Petite Pantoufle de Verre (Aschenputtel)
Le petit poucet (Däumling)
Riquet à la Houppe (Rumpelstilzchen)

Mit den Titeln in Klammern sind nur Entsprechungen in den
wesentlichen Motiven gemeint. Die Perraultschen Märchen
haben einen großen Einfluß auf das Märchen im Deutschland des 19. Jh. ausgeübt. Aber nicht weniger wichtig war der
Einfluß von Märchensammlungen zweier Damen, die hier
wenigstens genannt werden sollen: Mme. d'Aulnoy und
Mme. L'Heretier.

Im aufgeklärten Deutschland

Was geschah zu dieser Zeit in Deutschland? Vor allem rich-
tete sich Johann Karl August Musäus im 18. Jh. mit seinen
„Volksmärchen der Deutschen" gegen die affektierten und
modischen französischen Feenerzählungen. Bei Musäus sind
viele uns bekannte Motive zu finden. So individuell und auf-
klärerisch er schrieb – er ging noch unter die Leute und ließ
sich ihre Märchen erzählen. Auch in Deutschland traten nun
die Märchen als Erzählstoff wieder in den Vordergrund. Sie
wurden aber auch zum Vorlesestoff im Gouvernantenmilieu.
Nicht lange danach gelangten sie in die Stuben höherer Bür-
gertöchter und adliger Kränzchen. Kurzum – es hatte ein
Funktionswandel des Volksmärchens stattgefunden.

Die Brüder Grimm

Eigentlich wollten die beiden Brüder Jacob Ludwig Karl und
Wilhelm Karl Grimm, beides Wissenschaftler von hohem
Rang, ihren Freunden Achim von Arnim und Clemens Brentano bei einer Märchensammlung behilflich sein, wie sie es
schon mit Reimen getan hatten, deren Sammlung dann als

„Des Knaben Wunderhorn" erschienen war. 1810 wurde die
erste Sammlung an Brentano geschickt. Dieser jedoch ver-
schlampte sie. Jedenfalls ging die so wichtige Handschrift
verloren, der Plan wurde aufgegeben. Erst in unserer Zeit
wurde das Manuskript in der elsässischen Abtei Oelenberg
wiedergefunden und ging als „Oelenberger Handschrift" in
die Wissenschaft ein. Daher ist man erst jetzt in der Lage, die
Überarbeitungen der Kinder- und Hausmärchen von Ausgabe zu Ausgabe zu vergleichen – von den ersten, fragmenta-
rischen Märchen ohne Ausschmückung bis zu den vollende-
ten Gebilden im biedermeierlichen Gewand, wie sie noch
heute als Inbegriff eines Märchens gelten. Denn: Die Brüder
Grimm hatten sich nach dem Fehlschlag mit Brentano selbst
ans Werk gemacht. Nachfolgend „Rumpelstilzchen" in der
Fassung der Oelenberger Handschrift:

Rumpenstünzchen
Es war einmal ein kleines Mädchen, dem war ein Flachsknoten gegeben, Flachs daraus zu spinnen, was es aber spann, war immer
Goldfaden, und kein Flachs konnte herauskommen. Es ward sehr
traurig und setzte sich auf das Dach und fing an zu spinnen, und
spann drei Tage, aber immer nichts als Gold. Da trat ein kleines
Männchen herzu, das sprach: ich will dir helfen aus all deiner Noth,
dein junger Prinz wird vorbeikommen, der wird dich heirathen und
dich wegführen, aber du mußt mir versprechen, daß dein erstes
Kind mein soll seyn. Das kleine Mädchen versprach ihm alles. Bald
darauf kam ein schöner junger Prinz vorbei, der nahm es mit sich,
und machte es zu seiner Gemahlin. Nach einem Jahr gebar sie einen schönen Knaben; da trat das kleine Männchen an das Bett und
verlangte ihn. Sie bot ihm alles dafür, er nahm nichts an, und gab
ihr nur 3 Tage Zeit, wenn sie am letzten nicht seinen Namen wiße,
so müße sie ihm das Kind geben. Die Prinzeßin sann lange, schon
zwei Tage hatte sie gesonnen, und den Namen doch nicht gefunden. Am dritten befiehlt sie einer getreuen Dienerin hinaus in den
Wald zu gehen, aus welchem das kleine Männchen gekommen sey.
Diese geht nachts hinaus, da sieht sie es, wie es auf einem Kochlöffel um ein großes Feuer herum reitet und ausruft: wenn die Prinzeßin wüßte, daß ich Rumpenstünzchen hieß! wenn die Prinzeßin
wüßte, daß ich Rumpenstünzchen hies. Die Dienerin bringt eilig der
Prinzeßin diese Nachricht, die darüber sehr erfreut wird. Um Mitter-
nacht kommt das kleine Männchen und spricht: weißt du nun meinen Namen, oder ich nehme das Kind mit. Da nennt sie allerlei

Namen, endlich sagt sie: solltest du wohl Rumpenstünzchen hei-
ßen? Wie das Männchen das hört, erschrickt es und spricht: das
muß dir der Teufel gesagt haben, und fliegt auf dem Kochlöffel zum
Fenster hinaus. (Mündlich)

(Aus: Die älteste Märchensammlung der Brüder Grimm.
Hrsg. H. Rölleke. Cologny – Genève 1975)

Der Grimmsche Begriff „Märchen"

Damit wir es nicht vergessen: Die Forschungsabsicht der
Brüder Grimm war es, das typisch Deutsche an den Märchen
zu beweisen, ihre Herkunft von alten germanischen Mythen.
Mit Kinderliteratur hat das ursprünglich gar nichts zu tun.
Überhaupt wurden die Kinder- und Hausmärchen erst ab
Mitte des 19. Jh. zu einem Verkaufserfolg.

Mit der Grimmschen Sammlung wurde der Begriff „Märchen" fest definiert. Da wir alle die Sammlung kennen, wissen wir, wie weit die Grimms den Begriff faßten. Während
für uns heute das eigentliche Märchen nur das Zaubermärchen ist, sind in der Sammlung Grimm allerlei Gattungen
von Volksliteratur unter diesem Begriff beisammen (hier jeweils mit einem Beispiel):

Legenden-Märchen (Die Kornähre, KHM 194)
Schwank-Märchen (Der alte Hildebrand, KHM 95)
Novellen-Märchen (Die kluge Bauerntochter, KHM 94)
Zaubermärchen (Der treue Johannes, KHM 6)
Fabeln (Der Hase und der Igel, KHM 187)

Das Sammeln

Gesammelt wurde anfangs nur in Hessen, wo die Brüder
Grimm wohnten, später in ganz Deutschland. Viele Märchen wurden auch aus Büchern übernommen, manche Ma-
nuskripte wurden ihnen zugeschickt, oft nur als Bruch-
stücke. Zu unser aller Enttäuschung muß gesagt werden: Die
mündliche Vermittlung war verhältnismäßig gering. Und dabei lag den Brüdern viel an dem Image, „Das Ohr am Volk"
zu haben. Aber da war offenbar nicht mehr viel zu holen. Sie
hatten „Gewährsleute", d. h. solche, die ihnen Märchen erzählten. Am bekanntesten sind die „Alte Marie" und die

„Viehmännin". Als wichtige Märchenlieferanten erwiesen sich auch die bürgerlichen Kreise, etwa die Familie Wild aus Kassel, auch Jeanette Hassenpflug, dazu bestimmte Salons adliger Damen, zu denen z. B. auch Annette von Droste-Hülshoff gehörte. Aber bei genauem Zusehen war bei den meisten dieser Gewährsleute der Einfluß der französischen Märchen – besonders von Perrault – vorherrschend, während doch die Brüder Grimm der deutschen Seele nachspürten. Ob sie es tatsächlich nicht gemerkt haben? Tatsache ist, daß sie das Märchen „Der gestiefelte Kater" zunächst als „zu französisch" ablehnten, um es dann schließlich doch in den Anhang der letzten Ausgabe aufzunehmen.

Das Bearbeiten der Märchen

Das alles war aber erst das Rohmaterial, aus dem dann die typisch Grimmschen Märchen geschaffen wurden. Für die künstlerische Überformung sorgte vor allem der musische Wilhelm Grimm. Damit stellt sich die Frage: Inwieweit darf überhaupt ein Sammler in den überlieferten Märchentext eingreifen? Diese Frage wurde oft gestellt. Denn die Grimmschen Märchen sind keine eigentlichen Originalaufzeichnungen überlieferter Volksmärchen, dafür sind sie bei aller Treue gegenüber Motiven und Typen zu stark bearbeitet. Sie sind aber auch keine Kunstmärchen, die ein bestimmter Autor nach seiner eigenen Phantasie verfaßt hätte.

Um dieses Problem zu lösen, hat man den Begriff „Buchmärchen" verwendet. Bei den Grimmschen Buchmärchen tragen die Aufzeichnungen auch stilistisch die Handschrift ihrer Redakteure. Von Ausgabe zu Ausgabe wurde verfeinert und ausgeschmückt.

Zur typisch Grimmschen Sprache

Diese Sprache entzückt bis heute. Kein Märchenerzähler – ob vor Kindern oder Erwachsenen – dürfte es wagen, Worte oder gar Passagen zu ändern, ohne daß die Zuhörer protestieren. Das Ideal, nach dem die Grimms ihre Märchen ausrichten wollten, waren die beiden niederdeutschen Märchen,

die ihnen der Maler Philipp Otto Runge zugeschickt hatte:
„Von dem Fischer un syner Fru" und „Von dem Machandelboom". Entsprechend diesem Maßstab feilten sie an den
Märchentexten, brachten auch gelegentlich mehrere bruchstückhafte Fassungen zu einer einzigen zusammen. Die im
Dialekt gehaltenen Texte bewahrten sie im ursprünglichen
Stil. Wie geschickt und in aller Ehrfurcht vor der Sprache sie
vorgingen, zeigt ihr großes Maß an Verständnis für sprachliche Unregelmäßigkeiten, wie sie nun eben im Volk vorkommen.

Was den Brüdern Grimm entgegenkam, war die Sprache
und Weltsicht ihrer Zeit, nämlich des Biedermeier, in seiner
schönen Einfachheit, wechelnd zwischen Freude am Detail
und breiten Schilderungen. Daß solche Märchen für Kinder
wie geschaffen waren, wurde den Brüdern bald klar. Hatten
sie die Märchen – der Tradition gemäß – ursprünglich für
Erwachsene aufgeschrieben, gaben sie die Sammlung bereits
ab der 2. Auflage auch für Kinder heraus. Damit bekamen
aber auch die Märchen eine andere Funktion. Eine gewisse
Ethisierung, Pädagogisierung wurde vorherrschend. Das
war wohl der stärkste Eingriff in die Märchensubstanz.

Sind Grimms Märchen Kindermärchen?

Zu diesem Thema schreibt die Märchenerzählerin Vilma
Mönckeberg:

Die Märchen waren überall Sache der Erwachsenen, solange die
Völker Analphabeten waren, denn die erzählte Geschichte ersetzte
ihnen das Buch, die Zeitung, die Illustrierte, den Rundfunk, das
Fernsehen. Sie befriedigte das Informationsbedürfnis, das Traditionsbedürfnis, das Unterhaltungsbedürfnis, die Lachlust, den Sensationshunger. Auch Jacob Grimm dachte wohl daran, als er an
Achim v. Arnim schrieb: „Sind denn Kindergeschichten für Kinder
erdacht? Ich glaube das so wenig, als ich die allgemeine Frage beantworten werde, ob man für Kinder überhaupt etwas eigenes errichten müsse?"

(Aus: Vilma Mönckenberg: „Das Märchen und unsere Welt", S. 76.)

Weitere Sammeltätigkeit und Neuschöpfungen im 19. Jh.

Das 19. Jh. ist gezeichnet von einer wahren Märchenmode. Wurden sie nicht gesammelt, so wurden sie neu geschaffen. Interessant ist, daß dabei jeder zu seinem eigenen Stil fand. Wir wollen uns hier auf einige wenige konzentrieren. Fangen wir mit Ludwig Bechstein an. Er war neben den Brüdern Grimm der bekannteste und erfolgreichste Märchensammler. Viele Titel stimmen überein. Man spricht sogar von einem gewissen Konkurrenzverhältnis zu den Kinder- und Hausmärchen. Woher hatte Bechstein seine Märchen? Er war Bibliothekar und kannte sich sehr gut in den entsprechenden Quellen und Sammlungen aus. Dann aber – und das ist wichtig – ging er unters Volk. Er war ein großer Wanderer. Wohin er kam, überall unterhielt er sich mit den Leuten und brachte es so zu einem kostbaren Schatz an Volksüberlieferung. Er hatte auch Gewährsleute, die ihm in ihrer Weise aufschrieben, was ihnen geläufig war. Ganz sicher haben zu Bechsteins Popularität auch die Illustrationen seiner Märchenausgabe von Ludwig Richter beigetragen.

Bechsteins Kindermärchen

Wie anders ist Bechstein an die Märchen herangegangen als die Brüder Grimm! Seine Märchen sind Kindermärchen, von vornherein als solche konzipiert. Das zeigt sich vor allem an seinem geradezu verschwenderischen Umgang mit dem Wunderbaren (das man immer schon für besonders kindlich hielt). Es wimmelt von Feen, Hexen, Drachen, sprechenden Tieren, dazu kommen Teufel und Schutzengel. Und da es Kindermärchen sind, haben sie natürlich auch eine Moral, eine pädagogische Botschaft.

Beispiele:

Es bringt Strafe, wenn man Tiere tötet („Die verzauberte Prinzessin").
Das Glück ist mit den Einfältigen und Ungeschickten („Die sieben Schwaben").

Man soll zufrieden sein mit dem, was man hat, und sich nicht in wahnwitzige Wünsche versteigen („Mann und Frau im Essigkrug").

Grausamkeiten werden tunlichst ausgeklammert. – Auffallend sind bei Bechstein religiöse Themen:

Beispiele:

Gott straft den Sünder („Das Märchen vom Mann im Mond") und die Überheblichkeit derer, die sich mehr dünken als Gott („Der König im Bade").
Teufel werden fast immer übers Ohr gehauen („Der Richter und der Teufel", „Die drei dummen Teufel").
Und wie der Teufel treibt auch der Tod sein Wesen auf der Erde. Auch er wird übers Ohr gehauen („Der Schmied von Jüterbog"):

Der Schmied war scheinbar auch gern bereit, mit ihm zu gehen, und er bat nur, ihm noch ein kleines Labsal zu vergönnen. Der Tod möge ihm ein paar Birnen von dem Baum holen, den er selbst aus Altersschwäche nicht mehr besteigen könne. Der Tod stieg auf den Baum, und der Schmied sprach: „Bleib droben!" Denn er hatte Lust, noch länger zu leben.

Man sieht, welche Rolle das Schwankhafte bei Bechstein spielt. Er war es auch, der das Märchen vom Schlaraffenland in der uns geläufigen Form aufschrieb, den Schwank vom Schwaben, der das Leberlein gefressen, oder eben Die sieben Schwaben. Leider wird Bechsteins Sprache häufig schwülstig, ausladend, und hat nicht die Schlichtheit wie die der Brüder Grimm.

Clemens Brentano

Brentano war mit Arnim der eigentliche Bahnbrecher für Volksüberlieferungen in Deutschland, wie „Des Knaben Wunderhorn" bezeugt. Ursprünglich sollten ja auch die von Grimm gesammelten Märchen von Brentano geschrieben und publiziert werden. – Wie hätte sich alles anders entwickelt, wenn es so geschehen wäre!

Brentano hatte einen ganz anderen Zugang zum Märchen als die Brüder Grimm. Sein Vater stammte aus einem alten italienischen Adelsgeschlecht und war 1762 Bürger von Frankfurt geworden. Doch die italienische Tradition blieb in der Familie bestimmend. Als der junge Brentano anfing, Volkserzählungen zu sammeln, galt sein Interesse zunächst den ausländischen, vor allem dem „Pentamerone" von Basile. Eine Sammlung italienischer Märchen, die sich stark an Basile als Vorlage anlehnen, wurde erst nach seinem Tod veröffentlicht und ist jetzt wieder als Kinderbuch zu haben. 1811 entstanden seine „Rheinmärchen", die als Kindermärchen gedacht waren. Sie sind eine Mischung von Tradition und Selbsterdachtem. Bekannt ist das Märchen von der Loreley, die ihn viel beschäftigte und zu der er auch ein Gedicht schrieb – übrigens geht auf dieses Gedicht Heinrich Heines Lied: „Ich weiß nicht, was soll es bedeuten" zurück.

Interessant ist, wie gut es Brentano gelang, die barocken Elemente Basiles ins Biedermeierliche umzusetzen. Er arbeitet mit liedhaften Passagen und mildert das Drastische, ohne den Sprachwitz Basiles zu zerstören. Manchmal werden Vorgeschichten erfunden, dann wieder werden Erzählungen in einer scheinbar realen Umwelt angesiedelt und Märchenfiguren im Gegenständlich-Allegorischen. In den Spätfassungen wuchern die Märchen bis zur Romanbreite. Häufig wurde eine Aktualisierung der Texte angestrebt, was aber auf Kosten des Märchenhaften ging.

Brentano als Erzähler

Dabei war Brentano ein genialer mündlicher Erzähler. Dem kommt sein improvisatorischer, assoziativer Erzählstil entgegen. Er entspricht Basile als Sprachvirtuose. Seine Nähe zum Volksmärchen war verblüffend, so daß seine Zeitgenossen eigentlich nicht wußten, soll man seine Aufzeichnungen dem Volks- oder Kunstmärchen zuordnen. Heute werden sie alle als Kunstmärchen definiert, die sich zum Teil gut für Kinder eignen.
Hier gibt es eine Kostprobe davon:

Von dem Schulmeister Klopfstock und seinen fünf Söhnen
Es war einmal ein Schulmeister, der hieß Klopfstock und hatte fünf Söhne: der erste hieß Gripsgraps, der zweite hieß Pitschpatsch,

der dritte hieß Piffpaff, der vierte hieß Pinkepank, der fünfte hieß Trilltrall. Der gute Klopfstock hatte seine Söhne sehr lieb und wollte sie gern etwas Recht's lernen lassen, aber bei ihm war Not in allen Ecken; das Dorf, wo er Schulmeister war, war abgebrannt und die Schule auch und die Bauern auch und die Schuljungen auch; er war mit seinen fünf Söhnen allein übriggeblieben …

Hans Christian Andersen

Der Däne Andersen gilt als Spitze unter den Märchendichtern – wohlgemerkt nicht Märchensammlern seines Jahrhunderts. Er lebte ganz in und aus den volkstümlichen Geschichten seines und des norwegischen Volkes, die bevölkert sind von Märchen- und Sagengestalten aller Art. Da gibt es Elfen, Gespenster, Waldkobolde, Sirenen, Gnome. Aber all das ist in die Natur eingebettet, die bei ihm eine ganz wichtige Rolle spielt. Was ist für ihn der Wind, die Sonne! Er läßt die Tiere sprechen, Blumen, Käfer und Schmetterlinge, alles wird beseelt. Soweit geschieht es auch in den Volksmärchen. Aber Andersens Phantasie erweckt auch Kinderspielzeug zum Leben und unscheinbare Dinge wie eine Stopfnadel, eine Teekanne oder eine Schreibfeder.

Niemand wie er, heißt es, erspürte so sehr die Seele und Magie der Wesen und Dinge. Trotzdem ist er nicht ohne Humor, ja nicht ohne Ironie. Typisch für ihn ist, daß er die Schauplätze seiner Märchen sehr genau beschreibt. Andersen sieht auch die Schattenseiten des Lebens und verschweigt sie nicht. So schuf er einen neuen Märchentyp, Kunstmärchen von hoher Qualität. Für welches Alter sie geeignet sind, ist schwer zu sagen. Einerseits versucht Andersen, den Kindern Optimismus und Weltvertrauen zu vermitteln. Andererseits spart er auch die Melancholie nicht aus, womit Kinder leicht überfordert sind („Das kleine Mädchen mit den Schwefelhölzchen"). Andersens Märchen werden wir also – mit einigen Ausnahmen – doch lieber erst den größeren Kindern und Jugendlichen geben. Erst ihnen schließt sich der tiefere Sinn solcher Märchen voll auf.

Auch hier ein Beispiel aus **„Der standhafte Zinnsoldat".** In einem Papierschiffchen muß er den Rinnstein hinunterfahren.

Der Kahn fuhr hinaus, der arme Zinnsoldat hielt sich so steif, wie er konnte; niemand sollte ihm nachsagen, daß er mit den Augen blinke. Der Kahn schnurrte drei, viermal herum, und war bis zum Rand mit Wasser gefüllt: er mußte sinken! Der Zinnsoldat stand bis zum Halse im Wasser, und tiefer und tiefer sank der Kahn, mehr und mehr löste das Papier sich auf; nun ging das Wasser über des Soldaten Kopf. – Da dachte er an die kleine niedliche Tänzerin, die er nie mehr zu Gesicht bekommen sollte; und es klang vor des Zinnsoldaten Ohren.

Fahre hin, o Kriegesmann!

Den Tod muß Du erleiden!

Nun ging das Papier entzwei, und der Zinnsoldat stürzte hinab – wurde aber augenblicklich von einem großen Fisch verschlungen.

Andere Kunstmärchendichter des 19. Jh.

Eine Würdigung führte zu weit und nützte uns doch für die Arbeit im Kindergarten recht wenig. An dieser Stelle will ich wenigstens ein paar Namen nennen, damit wir wissen, in welchen Kreisen wir uns hier bewegen. Ich denke also an Wilhelm Hauff, Eduard Mörike, Theodor Storm, Goethe, Tieck, Chamisso – ach, eigentlich die ganze Romantik und fast das ganze Biedermeier haben sich im Märchen versucht. Aber das waren dann häufig kunstvoll ironische, mystische oder symbolische Gebilde, die mit Kindern überhaupt nichts mehr zu tun haben.

Was las die ärmere Bevölkerung?

Und jetzt steigen wir aus solchen hehren Gefilden wieder herab und fragen uns: Was haben in dieser Zeit eigentlich die ärmeren Kinder gelesen oder vorgelesen bekommen? Etwa die Bauernkinder, weit entfernt von jeder (damals in Städten schon existierenden) Bibliothek. Oder die Arbeiterkinder, von denen Vater und Mutter, wenn nicht gar sie selber noch arbeiten mußten? Für sie gab es für ein paar Pfennige die Bilderbogen und Groschenhefte. Und da das Märchen im letzten Jahrhundert ja große Mode war, enthielten sie zu einem recht großen Teil eben Märchen. Aber was war dort aus unseren schönen Märchen gemacht worden! Sie waren ver-

hunzt, vermarktet, trivialisiert. Die Stoffe wurden verkürzt,
damit sie auf einen Bilderbogen paßten. Sie wurden in die
Länge gezogen, damit sie ein Groschenheft auch füllten. Das
war genau der gleiche Prozeß, den wir heute mit gewissen
Märchenkassetten erleben. Und genau das war das einzige
dem Großteil der Bevölkerung zugängliche Bildungsgut.
Auch Kunstmärchen wurden in dieser Weise maltretiert.
Und was die Illustrationen anbelangt – kein Wunder, daß
der wenig später in den USA geschaffene Comic sozusagen
ein deutscher Auswanderer war.

Es gibt drei Märchenarten

Was ist ein Volksmärchen?

Doch zurück zu dem, was wir uns eigentlich vorgenommen
haben: Was ist das, ein Märchen? Zu dieser Frage wollen wir
aus diesem Kapitel jetzt das Wesentliche herauskristallisie-
ren. Zuerst: Was ist ein Volksmärchen? Da das gar nicht so
leicht zu definieren ist, biete ich mehrere Definitionen an:

- Das Volksmärchen ist eine Geschichte von wunderbaren
  Erlebnissen, die ein Held meistert (F. v. d. Leyen).
- Wir sehen im Märchen eine Abenteuererzählung, die raf-
  fend, sublimierend und ordnend die wesentlichen Bezüge
  des menschlichen Daseins zur Darstellung bringt (Max
  Lüthi).
- Eine mit dichterischer Phantasie entworfene Erzählung,
  besonders aus der Zauberwelt, eine nicht an die Bedingun-
  gen des wirklichen Lebens geknüpfte Geschichte (Lutz
  Röhrich).

Eigentlich meinen all diese Definitionen nur das Zaubermärchen. Wie wir von den Brüdern Grimm her wissen, gibt es
aber eine Vielzahl von Märchensorten. Halten wir doch fest,
daß Volksmärchen in erster Linie Erzählstoffe sind, kennt-
lich vor allem an ihrer Struktur. Daß sie irgendwann von einem hochbegabten Individuum geschaffen, vom Volk im
Lauf der Zeit neuen Bedürfnissen anverwandelt und schließ-

lich mit der Fixierung als Buchmärchen in ihrer Weiterverwandlung gestoppt wurden.

Vilma Mönckeberg, die Erzählerin, sieht es von ihrer Warte. Sie meint, ein Volksmärchen sei kein Bericht, sondern die Vergegenwärtigung eines Ereignisses. Und jetzt spricht sie als Praktikerin:

Das Volksmärchen ist ein ursächlich akustisches Phänomen. Es lebt von der Nennung der Dinge, die erst der Sprachklang in bunte Bilder und plastische Ereignisse verwandelt.

(In: Das Märchen und unsere Welt. S. 100.)

Was ist ein Buchmärchen?

Vom Buchmärchen haben wir schon kurz gesprochen. Es hat seine Anfänge mit der Erfindung der Buchdruckerkunst und wurde mit zunehmender Lesefähigkeit des Publikums zu einem wichtigen Vermittler der Märchen. Mit ihm allerdings wurde seine lebendige Weiterentwicklung gestoppt. Auch hierzu wieder Vilma Mönckeberg:

Aber auch diese lebendigen Quellen sind zum Versiegen verurteilt mit dem unaufhaltsamen Vordringen der öffentlichen Kommunikationsmittel. So bleibt für das Märchen nur noch die Zuflucht im Buch. Aber auch die Gelehrten werden nicht bestreiten, daß das Buch ein Notbehelf für das Märchen ist.   (Siehe a. a. O., S. 72.)

Was ist ein Kunstmärchen?

Und zuguterletzt das Kunstmärchen. Es ist ein subjektives Kunst- und Gestaltungsmittel eines einzelnen Autors und Künstlers. Seine entscheidenden Impulse bekam es durch die Romantik und ist immer im Bereich des Wunderbaren angesiedelt. Es ist auch mehr zum Lesen geschaffen, braucht nicht unbedingt die Stimme des Erzählers. Es lebt und wirkt durch sich selbst. Während die Volksmärchen uralt sind, ist es jung, unterliegt allerdings mehr dem Zeitgeschmack. Wir haben auch im 20. Jh. Kunstmärchen, etwa die von Janosch. Die meisten von ihnen haben eine ganz bestimmte Botschaft an den Leser, bei Janosch ist es die Sozialkritik. Solche Kunstmärchen sind ihrer Zeit verhaftet und typisch für sie.

 # Märchenerzähler und Erzählgemeinschaften

Aktualität des Märchenerzählens

Heute ist wieder ein ganz besonderes Interesse am Märchen zu beobachten. Aber es handelt sich nicht so sehr um eine „Archeologie des Märchens", also nicht um ein wissenschaftliches Sammeln und Aufarbeiten, sondern eher um eine Art zweiten Daseins der Märchen. Es ist, als seien sie neu entdeckt worden. Man braucht sie als Lebenshilfe und hat Freude daran, sie zu hören.

Die Rückwendung zum Mythischen

Woher kommt das? Wir leben in der Zeit einer geistesgeschichtlichen Wende. Diese Wende ist vor allem dadurch bedingt, daß die sogenannte Zweite Aufklärung, in der wir leben, sich leergelaufen hat. Der Mensch ist es müde, kopflastig und leeren Herzens zu sein. Er will wieder zurück zu den Quellen, ist auf der Suche nach einfacheren, aber vielschichtigeren und schöpferischen Lebensformen. Viele (auch Kinder-)Bücher signalisieren das. Aber mit dem Lesen für sich allein ist man nicht mehr zufrieden. Das könnte eine Fluchtwelt werden. Und da hat man wieder das Hören in der Gemeinschaft entdeckt. Die Erzieherinnen wissen das schon lange, und jetzt wissen es auch die anderen.

Das Märchenerzählen

Das Bedürfnis, Märchen zu hören oder gar selber zu erzählen, verstärkt sich also heute in auffälliger Weise. Damit gewinnt das Märchen seine alte, eigentliche Funktion zurück.

Es ist etwas Merkwürdiges passiert: Ursprünglich war das Märchen eine an die Gemeinschaft aus Groß und Klein gerichtete Erzählung. Dann wurde es ab dem 19. Jh. zur Kinderliteratur. Und heute wieder gibt es Kreise, wo man es sich wie dazumal von Erwachsenen für Erwachsene erzählt. Kinder dürfen natürlich auch dabei sein. Aber man ist noch auf der Suche nach der Form des Erzählens, weil es die ursprünglichen Erzählgemeinschaften nicht mehr gibt.

Das Erzählen vor etwa hundert Jahren

Die klischeehafte Vorstellung vom märchenerzählenden Großmütterchen geistert heute noch durch manche Gemüter. Das ist auch gelegentlich an Elternabenden zu spüren. Darum ist es vielleicht interessant zu erfahren, wie das Märchenerzählen vor über hundert Jahren noch üblich war. Ein beliebter Versammlungsort war das Haus eines guten Erzählers. Der Autor Franz Reichhart, der im Zululand in Südafrika Märchen sammelt, beschreibt das sehr anschaulich:

Immer, wenn der volle Mond seinen Silberstaub verschwenderisch über die tausend Hügel des Zululandes streut, macht Babamkhulu (auf deutsch: Großväterchen) ein kleines Feuer vor seiner Hütte; dann wissen die Kinder des Kraals:
„Babamkhulu erzählt ...!"
Da laufen alle zu ihm. Groß und klein, alt und jung versammelt sich, denn seine Geschichten sind bei allen sehr beliebt. Er erzählt langsam und gelassen, und seine ruhigen Worte passen wunderbar zu der friedlichen Vollmondnacht. Das flackernde Feuer leuchtet einmal über dieses, einmal über jenes gespannt lauschende Gesicht. Es sind die schönsten Stunden der kleinen Dorfgemeinschaft.

(Aus: F. Reichhart: Babamkhulu erzählt. Herder, Freiburg 1983.)

Nur als Märchen war für sie ein besseres Leben vorstellbar

Bei uns waren es meistens gemeinsam ausgeführte Arbeiten, zu denen erzählt wurde. Etwa, wenn die Frauen zum Spinnen zusammenkamen. Andere Arbeiten, bei denen die Nachbarn sich gegenseitig halfen, waren Federschleißen, Flachshecheln, Maisausschälen. Natürlich wurden dann auch andere Geschichten erzählt, eigene Erlebnisse, Witze, Schwänke, aber eben auch Märchen. Doch eher die kurzen, witzigen, als lange Zaubermärchen. Oft lud man in der dörflichen Gemeinschaft auch einen bestimmten Erzähler ein, um attraktiv zu sein für freiwillige Helfer bei langwierigen Arbeiten. Dann allerdings wurden lange Zaubermärchen gerne gehört. Für Saisonarbeiter, etwa bei der Ernte auf den Feldern des Großbauern, war das Märchenerzählen der Glanzpunkt nach einem schweren Tag. Auch die Holzfäller erzählten Märchen bis zum Einschlafen, das war ihre unentbehrliche geistige Nahrung. Bei der Totenwache wurden Märchen vom Tod oder vom unsterblichen Leben erzählt. Es erzählten die Bauarbeiter, die Seeleute, das Landproletariat, Zigeuner, Bergleute. Sie taten es zur Zerstreuung, zum Einschlafen, zur Unterhaltung und Erholung.

Wer erzählte die Märchen?

Nicht „das Volk" erzählte die Märchen, sondern einige wenige besonders anerkannte Erzähler. Sie brachten es fertig, die gegenwärtige Situation, die Erwartungen der Hörer und auch eigene Erfahrungen in ihre Märchen miteinzubeziehen. Auf diese Weise waren sie immer neu und anschaulich, wenn auch möglicherweise fernab von jeder „Texttreue". Die meisten dieser Erzähler waren viel herumgekommen, als Wander-Arbeiter, auf der Suche nach Arbeit, oder als Soldaten. Viele verdienten sich damit Essen und Unterkunft.

Was waren das für Märchen?

Für den Erzähler ist die Märchenwelt ein Spiegel der realen Welt, und die Konflikte des Märchens sind ihm vertraut. Entsprechend wählt er auch seine Märchen aus, webt eigene Erlebnisse und Anschauungen mit hinein. Natürlich steht er immer auf seiten des Märchenhelden, und seine Hörer mit ihm. Er läßt die Märchen an heimischen Orten mit bekannten Namen spielen, behauptet häufig, er sei dabeigewesen. So bringt er Unterhaltung und Zeitvertreib, drückt aber andererseits Wünsche, Hoffnungen und Sehnsüchte seiner Zuhörer aus.

Die Erzählsituation

Eine geglückte Erzählsituation begann oft schon damit, daß die Hörer sich wünschten, was erzählt werden soll. Manche besonders beliebten Märchen wurden nach Lust und Laune verlängert. Auch beteiligten sich die Zuhörer oft direkt durch Zwischenrufe, Fragen und Kritik. Das stachelte wiederum den Erzähler an. Meist wurde mit Mienenspiel und Gesten erzählt. Die meisten Erzähler ließen ihre Personen in direkter Rede sprechen. Zusammen mit Gestik und Körperbewegungen wurden die einzelnen Charaktere auf diese Weise spielerisch dargestellt. Dem von der angestrengten Arbeit abends müden Zuhörer wurde so die Vorstellung der erzählten Gestalten – vor allem der phantastischen – leichter gemacht: Das Auftreten des Teufels, die Kraft des Helden, die Auseinandersetzung mit unheimlichen Gewalten. Dennoch blieb sicher genug Raum für eigene Vorstellungen.

Märchensammeln heute

Märchen sind in erster Linie Erzählstoffe

Es ist ganz wichtig, heute noch vorhandenes und vor allem lebendiges Erzählgut aufzuspüren, auch um möglicherweise das Kindermärchenrepertoire zu erweitern. Aber die Chancen sind hierzulande gering. Alles wurde schon gesammelt und schriftlich fixiert. Dann besteht auch die soziale Situation des Erzählkreises nicht mehr, welcher Märchen tragen und am Leben erhalten könnte. So wichen die Sammler auf weniger von der Zivilisation überschwemmte Gebiete aus. Unter den Aussiedlern aus den Ostgebieten waren einige Märchenerzähler(innen), auf die sich sofort, samt Tonband, die Wissenschaft stürzte. Aber den meisten Märchen muß man selber nachfahren, sie suchen und belauschen, um etwas Neues, Urwüchsiges mit nach Hause nehmen zu können. Zudem hat sich das Interesse verlagert. In unserer Zeit, die von der Soziologie geprägt ist, steht nicht mehr so sehr der Text im Vordergrund, als vielmehr die Erzählsituation: Wie verhält sich das Publikum, wie der Erzähler? Geht seine Wirkung von der Stimme aus, von der Mimik, Gestik?. Wie findet das Zusammenspiel zwischen Publikum und Erzähler statt? Das ist auch für unsere Märchenarbeit von Wichtigkeit.

Wir folgen als Beispiel für andere der Freiburgerin Frau Marianne Klaar auf die griechischen Inseln, wo sie Zeit ihres langen Lebens Märchen sammelte und schon fast zu Hause ist. Dabei hilft ihr gewiß, daß sie selber arm ist (vom Märchensammeln wird man nicht reich) und vom Leben gezeichnet wie die Frauen dort.

Mit Frau Klaar auf den griechischen Inseln

„Wie sammelt man eigentlich Märchen auf griechischen Inseln? Man braucht Zeit dazu. Dann muß man die besonderen Dialekte, Gewohnheiten, die Sitten kennen lernen. Und man braucht eine Zeit des Sichkennenlernens, ehe die Stimmung sich einstellt, die zum rechten Märchenerzählen gehört. ‚Also Märchen hören willst du?‘, fragte mich meine Hausfrau auf Kássos. ‚Davon haben wir genug. Wenn wir von allem so viel hätten …‘ Und gleich schickte sie mich hinüber zur Nachbarin, die ihre Märchen den Kindern erzählte. So geriet ich in eine natürliche Situation. Manchmal ergab es sich von selbst, daß sie mir ihre Märchen, wenn wir warm miteinander geworden waren, ins Tonbandgerät zu sprechen begannen. Es kam auch vor, daß einer spontan ein Märchen erzählte. Einmal legte ein armer Fischer los. Er holte aus seiner Erinnerung Märchen hervor. Die Zuhörer waren berührt, gefesselt. Sie lebten die Geschehnisse des Märchens mit. Ein kleines Problem besteht auch darin, was man den Ärmeren unter den Erzählern für ihre Bereitschaft und die Mühe ihres Vortrags gibt. Ich solle ihnen Lohn geben, sagte eine Frau auf Lesbos zu mir. Aber ‚mit Märchen handeln wir nicht‘, erwiderte ich ihr und versuchte, Würde zu wahren. So gebe ich kleine Gaben. – Ein Mann war gelähmt. Sein Vater hatte ihm immer, zur Erleichterung seiner Lage, Märchen erzählt. Nun erzählte der Kranke, dessen Seele die Märchen erfüllten, sie selber, und er erzählte sie mir. Aber eine Dan-

kesgabe wollte er nicht. Er hatte selbst ein ehrendes Gastge-
schenk gegeben, sein ganzes Menschentum …"

(Aus: M. Klaar: Vom Märchensammeln in Griechenland. in:
Märchenerzähler/Erzählgemeinschaft, S. 86f., gekürzt.)

Über die Wiederbelebung des mündlichen Erzählens

Vom erzählten und dem geschriebenen Märchen

Gibt es überhaupt einen Unterschied zwischen einem erzählten und einem geschriebenen Märchen? Und wenn ja, worin
besteht er? Eine niedergeschriebene Geschichte ist fix und
fertig. Keiner hat das Recht, sie zu verändern. Das erzählte
Märchen dagegen ist lebendig, wie es das immer schon war.
Erzähler und Erzählgemeinschaft sind voneinander abhängig. Der Erzähler interpretiert das Märchen, schließt es auf.
Der Zuhörer reagiert. Mit Staunen, Mißverständnissen,
Angst, Langeweile. Daraufhin wiederum reagiert der Erzähler durch Dämpfung, Belebung. Und so weiter. Das trifft
auch auf Kinder zu. Natürlich fragen wir uns jetzt: Aus welchem Stoff ist ein guter Erzähler gemacht? Und: Gehöre ich
am Ende dazu? Oder soll ich lieber vorlesen, ehe ich schlecht
erzähle? Darauf würde ich in jedem Fall sagen: Ja. In diesem
Fall lieber vorlesen (übrigens muß auch das geübt sein). Aber
das ist nicht endgültig. Eines Tages kann man das Erzählen
vielleicht doch, wenn man lange genug vorgelesen hat, man
muß nur Geduld haben. Und das Erzählen üben. Nachher
werden wir von Kursen hören, wo man es lernen kann.

Die Märchenzeit für Kinder ist so kurz geworden

Heute, wo das Märchen (noch) Kindermärchen ist, ist es
wichtig, die Kinder darauf hinzuweisen, daß sie später noch
der größte Teil der Märchen erwartet, da diese erst für Erwachsene voll verständlich sind. Und den Erziehern möchte
man das Wort Otto Flakes ans Herz legen: „Weil die Mär-
chenzeit für Kinder so kurz geworden ist, soll man dafür sorgen, daß sie wenigstens intensiv ist."

Und nun sind wir voll in der Gegenwart und wollen wissen, was heute fürs Märchen getan wird, ob es Institutionen gibt, die es schützen und pflegen. Die das so mühsam Gesammelte auch tragen und vortragen lassen. Aber selbstverständlich kümmert sich die Wissenschaft heute in reichem Maße darum. Um die praktische Arbeit mit dem Märchen, die neuere Forschungsberichte durchaus nicht ausschließt, kümmert sich außerordentlich rührig die Europäische Märchengesellschaft, die wir nunmehr vorstellen wollen. Zu bemerken und nicht anders zu erwarten ist, daß es sich hier um Erwachsenenarbeit handelt, die aber wünschenswerterweise weitergetragen werden soll zu allen Interessierten, und das sind doch wohl vor allem noch immer die Kinder.

Die europäische Märchengesellschaft*

Was sie will

Die Europäische Märchengesellschaft besteht seit 1956. Sie hat sich die Pflege des Europäischen Märchengutes zur Aufgabe gemacht. Der Gegenstand ihres Interesses sind die Volksmärchen. Dabei legt man großen Wert auf eine Trennlinie zu all dem, was landläufig noch unter „Märchen" kursiert. Um allen klaren Wein einzuschenken, wird das genau definiert. Z. B.:

● Die Volksmärchen wurzeln im mythischen Bewußtsein. Sie sind wahr in einem universellen, Raum und Zeit übergreifenden Sinn.
● Die Volksmärchen deuten unser Dasein in bildhafter Sprache.
● Die Volksmärchen haben ihre Form in mündlicher Tradition ausgeprägt.
● Die Volksmärchen bedürfen auch heute des Überlieferns, des Erzählens von Mensch zu Mensch.

---

* Geschäftsstelle Postfach 328, 4440 Rheine, Schloß Bentlage

Keine wissenschaftliche Gesellschaft

Die Europäische Märchengesellschaft ist keine wissenschaftliche Gesellschaft. Sie kann keine Forschungsarbeit leisten, wohl aber Forschungseinrichtungen vermitteln und Forschungsprojekte anregen. Sie will aber in ihren Veröffentlichungen, vor allem auf ihren jährlichen Kongressen, allen am Volksmärchen interessierten Wissenschaftszweigen ermöglichen, ihre Forschungsergebnisse vorzutragen und zu diskutieren. Die Gesellschaft will von ihrem eigenen Standpunkt aus den Verirrungen und Verwirrungen um das Märchen entgegenwirken.

Anstoß und Pflege einer Erzählbewegung

Pflege des Märchengutes – so steht es in ihrem Grundsatzprogramm – geschieht am besten durch mündliches Erzählen. Alte und neue Erzähltradition soll gefördert werden. Eine von Sachverstand und sprecherischem Können getragene Erzählkunst kann eine neue Erzählbewegung zur Pflege des Volksmärchens anstoßen. Die Gesellschaft macht es sich zur Aufgabe, die Erzählbewegung durch pädagogisch qualifizierte Erzähler innerhalb und außerhalb der Gesellschaft zu fördern und zu verbessern. Zu diesem Zweck werden regelmäßig an bestimmten Wochenenden in verschiedenen Orten Deutschlands Märchenseminare durchgeführt, wo man Grundkenntnisse in der Erzählpraxis erwerben oder vertiefen kann. Denn, so heißt es, vom Volksmärchen können wichtige belebende Impulse ausgehen:
– Zu Formbewußtsein und Formwillen,
– Zu Traditions- und Geschichtsbewußtsein,
– Zu seelischer und gesellschaftlicher Entwicklung und Erneuerung,
– Zur Einheit von Schauen, Denken und Fühlen,
– Zum Wissen um die Transzendenz.

„Märchen in Erziehung und Unterricht"

So hieß im Jahre 1984 das Kongreßthema, das ich in unserem Anliegen bewußt als Beispiel herausgreife. Die Fragen, die hier gestellt und teilweise beantwortet wurden, sprachen die allenthalben herrschende Unsicherheit an: Wie soll man in der Schule und im Kindergarten Märchen vermitteln, wie kann man sie erzählen, welche Märchen sind für welche Kinder auszuwählen? Muß man die schriftliche Fixierung wahren? Wie stehen wir zu den Medien? Einiges davon haben wir hier schon erarbeitet, anderes haben wir noch vor uns. Vor allem der letzten Frage wollen wir ein ganzes Kapitel widmen (vgl. S. 136 ff.). Was die schriftliche Fixierung betrifft, so hielt man es für wünschenswert, wenn man sie beibehielte. Kinder achten – so hieß es – peinlich genau auf etwaige Abweichungen, vor allem, wenn man frei vorträgt. Felicitas Betz sagt: „Der gleiche Wortlaut ist für Kinder wie ein Geländer zum Festhalten." Wichtig ist: Das Kind muß produktiv werden. Dazu verhilft ihm das Märchen, das seinen Stoff nicht aus der kindlichen Umwelt hat. So kann das Volksmärchen die geistigen Kräfte des Kindes in Gang setzen und in ihm eine schöpferische, soziale und emotionale Phantasie entwickeln. Wichtig ist ebenfalls: Das bildhafte Denken des Kindes muß gestützt und gefördert werden. Und nie vergessen: Sein Erleben geschieht in unmittelbarer Gegenwärtigkeit.

Die Kongreßnachmittage: Die Vormittage waren den Vorträgen gewidmet. Die Nachmittage praktischen und theoretischen Arbeitsgruppen und vor allem: Den Märchenerzählern. Da wurden Märchen im Rollenspiel dargestellt, Märchenfiguren aus Natur-Schafwolle gefertigt, mit Hilfe des Puppenspiels Märchen erzählt. Gespräche gab es über Märchen als religiöse Propädeutik, warum Kinder die Dummlingsmärchen besonders lieben, über Märchenillustrationen, das Umsetzen von Märchen in Spiel und Lied, Lebenshilfe durch Märchen in der Sonderpädagogik, über Gewalt und Zärtlichkeit im Märchen. Und es gab eine Märchenfilm-Werkstatt.
Und – wie gesagt – es wurden Märchen erzählt! In vielen Räumen drängte sich das Volk bis zum Körperkontakt um den jeweiligen Märchenerzähler. Ein Wunder, daß dieser überhaupt noch erzählen konnte. Hier waren auch die Kinder zu finden. Da erzählte Charlotte Rougemont, Elfriede Hasenkamp, Rudolf Geiger, Felicitas Betz, Sigrid Früh – um nur einige zu nennen. Alle redeten frei, jedes Wort stimmte mit seiner Textvorlage überein. Manche sprachen gestenreich, manche waren wunderlich à la Märchenfee

gekleidet, und wer am Abend noch Lust hatte, ging in die Jurte der Pfadfinder draußen auf der Wiese. Dort brannte ein Feuer, Tee wurde gereicht, und es wurden eben – Märchen erzählt. Dort konnte man auch selbst erzählen, wenn man wollte und dazu fähig war.

Spaß am Rande des Geschehens: Essen muß man auch bei so viel Aktivitäten. Der clevere Gastwirt gegenüber bietet auf seiner „Sonderspeisekarte zur Märchentagung" verschiedene Gerichte mit Märchennamen an: Das Essen für Vegetarier heißt „Bruder Lustig", eine saftige Putenkeule heißt „Der eiserne Heinrich", ein Graupeneintopf aus Omas Kochbuch, Nachschlag gratis, heißt „Die drei Gaben". – Die Presse ist natürlich auch da. Daher zum Schluß eine schnurrige Notiz aus der „Welt": „Das Märchen, die robusteste und unempfindlichste Literaturgattung, ist zum sofortigen Verzehr bestimmt, und jede Kunstsoße, die man ihm beigibt, verdirbt im Grunde nur den Geschmack."

Ein Großteil der Vorträge dieses Kongresses wurde unter dem Tagungstitel „Märchen in Erziehung und Unterricht" als Buch herausgegeben im Verlag Roth, Kassel.

Heutige Erzählerpersönlichkeiten

Vilma Mönckeberg

Die Entdeckung wirklicher Erzählerpersönlichkeiten, die das gesprochene Wort samt Mimik und Gestik vorbildlich beherrschen, ist heute wieder eine wichtige Aufgabe. Die große, inzwischen verstorbene Vilma Mönckeberg, hat über den Erzähler in dem schon mehrfach zitierten „Das Märchen und unsere Welt" Wichtiges gesagt, was hier dem Sinn nach wiedergegeben ist:

Der Erzähler bildet mit seiner Hörgemeinde eine Einheit. Er blickt jeden einzelnen an und empfindet ihn als Gesprächspartner. Nichts lähmt ihn daher mehr als ein passiver Konsument. Doch wir haben hier speziell den Märchenerzähler im Sinn. Er hat mit vorgeformten Texten zu tun, mit Texten, die oft viele Generationen überlebten. In diesen Texten wird eine lange Tradition spürbar. Eine solche Herkunft schwingt immer mit. Magische und vormagische Welten, ein unergründliches Erbe Menschheitsgeschichte ... Merkwürdig ist, daß einem beim Erzählen die Worte tatsächlich wie neu einfallen. Nun gibt es genug Märchen, die in ganz verschiedenen Versionen auftreten. Das wird vielerlei Gründe haben. Vor al-

lem wird es immer verschiedene Erzähltalente gegeben haben.
Einmal die mit dem guten Gedächtnis. Dann die mit dem Gefühl für
Rhythmus, für Melodik, für Akzente, für das Tempo, für die dazuge-
hörige Geste. Kurz, für die musikalischen Elemente der Sprache.
Dieser Typ war gezwungen, immer dieselben Worte zu gebrauchen, andernfalls kam er aus dem Takt. Solche sprechmusikali-
schen Erzähltalente gibt es noch heute. Ich gehöre dazu.

Es gibt auch noch die „Es-war-einmal-Erzähler", die uns in alte
Zeiten versetzen wollen. Sie strahlen Ruhe aus, erzählen nicht nu-
ancenreich, eher monoton. Das andere ist der „Es-ist-Typus", für
den das Märchengeschehen nicht etwas Vergangenes ist, sondern
etwas, das immer wieder geschieht, wenn es durch das Mittel der
Sprache beschworen wird. Auch ich glaube an meine Geschichten,
wenn ich sie erzähle, und wäre entsetzt, wenn jemand hinterher
sagte: Das sind doch alles bloß ausgedachte Geschichten. Würde
das geschehen, so hätte ich miserabel erzählt … Wenn ich erzähle,
fühle ich mich ständig wie ein anderer; einmal dick, einmal dürr,
eben einfältig, gleich danach schlau und schlagfertig. Dieses blitz-
schnelle Wechseln des Lebensgefühls ist unglaublich lustvoll, und
wenn es gelingt, das auf die Zuhörer zu übertragen, muß es auch
für diese eine wahre Lust sein. Jedenfalls ist es eine köstliche Be-
reicherung der eigenen Wirklichkeit.

Marianne Klaar

Marianne Klaar sammelt nicht nur, sondern erzählt auch
ihre griechischen Märchen.

Zwar hatte ich gehört, sie hinge zu sehr am Text – was ja bei
Sammlern auch verständlich ist –, aber ich hatte anderes in Erinnerung und lud sie zu einem Seminar über Märchen ein. Schon am
Telephon bedankte sie sich, daß ich ihr so frühzeitig Bescheid gesagt hätte, denn sie brauche immer lange, um sich vorzubereiten,
um sich die Worte im Gedächtnis einzugraben. Als sie dann vor
uns stand und redete – interessanterweise berichtete sie zu jedem
Märchen die Sammlersituation –, waren wir bald alle wie im Bann.
Fast jedes Märchen endete mit der Formel: „Und dann lebten sie
gut – wir aber hier noch besser!" Dabei breitete sie die Arme weit
aus und schaute in die Runde. Damit waren wir aber auch gleichzeitig aus dem Bann erlöst und wieder in unserer Gegenwart. Eine
junge Frau stand am Ende spontan auf und kehrte mit einem
Strauß Rosen vom nahen Freiburger Münsterplatz wieder – sie
mußte einfach ihrer Freude Ausdruck verleihen.

Everhard J. Drees

Diesen jungen Realschullehrer habe ich zweimal beim Kongreß der Märchengesellschaft erlebt – beide Male mit dem Grimmschen Märchen vom Machandelboom. Ehe ich davon berichte, darf ich kurz von meiner eigenen Begegnung mit diesem Märchen als Kind erzählen. Von meiner Mutter hörten wir den „Machandelboom" häufig, und immer im originalen Plattdeutsch, obwohl wir gar kein Plattdeutsch konnten. Doch eigenartig: Wir verstanden es, obwohl wir es nicht verstanden. Dieser Hauch von Schicksal, Mythos und Magie, der hat sich mir tief eingeprägt. Die Schrecklichkeiten des Märchens las ich erst viel später in hochdeutscher Übersetzung – zum Glück. Meine Mutter muß eine sehr gute Märchenerzählerin gewesen sein. Sie war übrigens Kindergärtnerin gewesen.

Doch nun zu Everhard Drees. Er experimentiert noch mit Märchen. Offensichtlich liegt ihm der Machandelboom besonders gut. Auch er erzählt ihn in Platt, obwohl das doch die wenigsten beherrschen. Aber er erzählt im Plattdeutsch des Münsterlandes, das ist seine Heimatsprache. Als ich ihn das erstemal hörte, kam er mit einem Apfelkörbchen in den Raum. Er sagte, er wolle etwas ausprobieren. Ihn quäle das Theaterhafte solcher Märchenstunden, und er wolle versuchen, die natürliche Erzählsituation der allseitigen Handarbeit wieder anklingen zu lassen. Zumindest, indem er selbst etwas tut. Und er machte sich daran, diese grünen Äpfel – die ja eine nahe Beziehung zu diesem Märchen haben – zu schälen. Wie viele Märchen mögen umgekehrt aus solchen Anlässen entstanden sein! Und Everhard Drees fing an: „Dat is wol lang her ..." Höhepunkt waren die Verse, die er sang: „Min Muoder, die mich schlacht' ..." Das Singen der Verse ist gute Märchentradition, Verse waren die Fixpunkte des Märchens und haben sich stets wörtlich überliefert, auch wenn der sonstige Text verändert wurde. Ich muß sagen, diese Form des Erzählens gefiel allen, der Wechsel zwischen Erzählen und Apfelschälen erhöhte die Spannung, nahm der Situation das Absichtsvolle.

Ein zweites Mal hörte ich Everhard Drees wieder beim Kongreß. Inzwischen hatte er viel am „Machandelboom" gearbeitet, und er brachte das Märchen diesmal multimedial. Das heißt, das Erzählen wurden musikalisch begleitet – nicht durchgehend, sondern nur als Einleitung, und wo der Text es möglich machte. Zudem hatte ein Freund von ihm Bilder zu dem Märchen gemalt und sie ausgestellt, so daß der Zuhörer auch optisch das Märchen noch einmal erleben konnte. Hier wurde mehr Gewicht gelegt auf den Kunstmärchencharakter des „Machandelboom", der zweifellos existiert. Aber ich glaube, die meisten Zuhörer sehnten sich wie ich nach dem Apfelkörbchen und der Interpretation als Volksmärchen zurück. Das ist es, was wir heute brauchen. Show gibt es anderweitig genug.

Felicitas Betz

Bei Felicitas Betz habe ich einen der Wochenend-Erzählkurse mitgemacht. Mich interessierte der Verlauf eines solchen Seminars, außerdem Persönlichkeit und Erzähltechnik von Frau Betz.

Dazu fuhr ich nach Augsburg und von dort noch eine Stunde mit dem Bus. Frau Betz hatte für uns Quartier gemacht in einem heimeligen Gasthof, die Veranstaltungen selber fanden bei ihr zuhause statt – ein großes Haus, für ihre acht Kinder gedacht und den Mann, der in Hamburg einen Lehrstuhl hat. Doch keiner von ihnen war gerade da (die „Kinder" sind alle im Studium), und so konnten wir ruhig und ungestört arbeiten.

Felicitas Betz ist Schülerin von Vilma Mönckeberg. Von ihr hat sie das „Sprechmusikalische" übernommen, es allerdings auf ihre höchst individuelle Art sich zu eigen gemacht. Geübt wird zuerst eine sogenannte Lemniscate, eine liegende Acht, die, mit der Hand ausgeführt, ständig das Erzählen begleitet und den Rhythmus bestimmt:

> Es kommt Tág und es kommt Nácht
> Die Welle kómmt und die Welle géht
> Und es kommt Sómmer und es kommt Wínter

So gerät man in eine Schwingung, in der man auch den Märchentext spricht. Anfangs zeichnet man sich Sprechgruppen als Hilfsmittel ein. Später – heißt es – geht es einem in Fleisch und Blut über. Wichtig sind ihr die Akzente, die den Sprechgruppen Zäsuren geben. Die haben mit dem Sinn der Erzählung zu tun. Frau Betz sagt, mit dem Bildsinn. Die „Bildträger" eines Märchens sind ihr ganz wichtig, sagen Wesentliches dazu aus, erschließen seinen Sinn. Wer ihr Büchlein „Märchen als Schlüssel zur Welt" gelesen hat, weiß Bescheid. Das brauchen nicht nur Substantive, das können auch Verben oder Adjektive sein. Die Bildebene ist für Felicitas

Betz die Seelenebene, sie darf nicht übergangen werden, denn, so sagt sie, „Märchen partizipieren am Weltsinn". Um diese Bildebene deutlich zu machen, werden Imaginationsübungen durchgeführt: Augen zu, und was sehe ich etwa bei „Mausehaut"? Sie gab uns auch ein paar praktische Ratschläge mit auf den Weg:

- Der Erzähler übt sich im Erzählen vor dem Publikum
- Zum Üben soll man laut lesen (aus dem Buch!)
- Bei direkter Rede ist Tonwechsel angebracht

Das wären einige davon.

Aber Frau Betz verwöhnte uns auch. Ihre Küche stand uns allen offen, Brot und Aufstrich waren genug da. Sogar für die Reisebrote am letzten Tag. Acht Kinder zu haben, prägt eine Frau.

Am Sonntagabend erzählte sie uns zwei Bruder- und Schwestermärchen. Wir saßen im Kaminzimmer, wo wir gerade Platz fanden, das Feuer flackerte, und dann standen die Märchen im Raum. War das noch Felicitas Betz? Sie hat einmal gesagt: Man muß sich verwandeln in die Figur, die erzählt. Das muß sie wohl getan haben. Von einer Lemniscate allerdings war nichts mehr zu spüren. Das floß so dahin, war ganz selbstverständlich. So weit müßte man kommen, seufzten wir hinterher.

Wir – das war ein bunt zusammengewürfeltes Grüppchen: Zwei rüstige alte Damen, die nun ihre freie Zeit zum Märchenerzählen verwenden wollten. Junge Mütter, Erzieherinnen, Märchenerzählerinnen, die es bisher „aus dem Stegreif" gemacht hatten. Lauter Frauen. Schade. Männer eignen sich so gut zum Erzählen.

 # Merkmale, an denen man das Märchen erkennt

Vieles, was sich „Märchen" nennt, ist überhaupt kein Märchen. Es ist vielleicht ein Kunstmärchen, eine Sage, eine phantastische Geschichte oder eine Kindergeschichte mit zauberischem Charakter. Was macht denn nun ein Volksmärchen aus? Wir wollen ja nichts Unechtes für echt verkaufen. Um dies klarzustellen, hat vor allem der Märchenforscher Max Lüthi typische Merkmale des europäischen Volksmärchens (außereuropäische haben oft andere Typiken) herauskristallisiert, von denen ich hier die wichtigsten vorstelle.

Eindimensionalität

Wir stellen uns vor, es ist Weihnachten. Wir haben das Wunderbarste aller Dinge des Jahres aufgebaut, einen respektablen Weihnachtsbaum. Was wird Ulli für Augen machen, wenn er ihn sieht! Die Kamera ist gezückt. Doch Ulli macht gar keine besonderen Augen. Er findet dieses leuchtende Ding nicht wunderbarer als den Schnee draußen, als die pelzweiche Katze, die er heute morgen am Schwanz zog. Wäre eine Hexe vorbeigeritten, er hätte am Ende noch gewunken.

Damit sind wir bei den jenseitigen Gestalten angelangt. Das kleine Kind weiß noch nicht zwischen jenseitig und diesseitig, zwischen real und irreal zu unterscheiden. Das ist alles eins. Sprechende Tiere und Feen sind in seiner Welt durchaus möglich, und welches Kind hat im Wurzelwerk der Bäume noch keine Zwerge gesehen? Wirklich gesehen, Hand aufs Herz? Das ist es, was der Märchenforscher Max Lüthi als „Eindimensionalität" bezeichnet. Das Märchen hat nämlich diesen Einweltcharakter, welcher der Sicht des Kindes entspricht. Dadurch ist es sozusagen als Kindermärchen vorherbestimmt. Da gibt es außer den Hexen noch Riesen, Wölfe, Zauberer, Drachen, Ameisen, Meerhäschen – und sie alle beginnen plötzlich zu sprechen, als sei es das Natürlichste von der Welt, und legen ungewöhnliche Fähigkeiten an den Tag. Und die Menschen des Märchens verkehren mit all diesen Wunderwesen, als ob sie ihresgleichen seien. Und das Kind in der magischen Phase seines Lebens staunt nicht einmal. Das muß wohl so sein, mag es denken. Lesen wir einmal ein Stück aus Schneewittchen:

Über ein Jahr nahm sich der König eine andere Gemahlin. Es war eine schöne Frau, aber sie war stolz und übermütig und konnte nicht leiden, daß sie an Schönheit von jemand sollte übertroffen werden. Sie hatte einen wunderbaren Spiegel, wenn sie vor den trat und sich darin beschaute, sprach sie: „Spieglein, Spieglein an der Wand, wer ist die schönste im ganzen Land?" So antwortete der Spiegel: „Frau Königin, Ihr seid die schönste im Land." Da war sie zufrieden, denn sie wußte, daß der Spiegel die Wahrheit sagte.

Haben wir das nun ein- oder zweidimensional gelesen? Ich glaube, wir haben es alle eindimensional getan. Das würde bedeuten, wie lebendig wir noch unsere Kindheit in uns tragen. Sonst könnte man aber auch kein guter Erzieher sein.

Dreizahl

Eins-zwei-drei ein Zug zum Zoo
Die drei Stanisläuse
3 × 3 an einem Tag

Soweit ein paar Bilderbuchtitel.

lirum-larum-Löffelstiel
ene-mene-miste
bim bam beier
Ri-Ra-Rutsch

Soweit ein paar Kinderreime.

Selbst die Werbung arbeitet mit der Dreizahl. Denn die ist übersichtlich, hat Rhythmus und dadurch Attraktivität. Für das Kind ist es die beliebteste Form der Wiederholung. Wiederholungen liebt es ja sowieso über alles (wir denken an die Kettenmärchen, in denen häufig zur Wiederholung noch die Veränderung kommt wie beim dicken, fetten Pfannkuchen). Aber nichts geht über die Dreizahl. Auch hier kommt das Märchen wieder dem Kind entgegen.

Drei eiserne Bande hatte sich der treue Heinrich ums Herz gelegt im „Froschkönig". Drei Haulemännerchen im Walde helfen dem armen Mädchen, Erdbeeren unterm Schnee zu finden. Drei Spinnerinnen sinds, die dem faulen Mädchen zum Bräutigam verhelfen (ein besonderer Reiz: ihre Unterschiedlichkeit). Drei goldene Haare hat der Teufel, drei Glückskinder sind es, drei Söhne hat der kranke König, und sie ziehen aus, das Wasser des Lebens zu holen. Dreimal kommt die verkleidete Stiefmutter zu Schneewittchen ins Zwergenhaus. Das Märchen wimmelt so sehr von der Dreizahl, daß der Schweizer Max Lüthi einmal ausrief: „Wenn der Märchenfreund die Dreizahl entdeckt, freut er sich wie der Schweizer, wenn er seine Berge wieder sieht."

Auch strukturell ist die Dreigliederung ein Hilfsmittel und uns vertraut:

Ein Huhn und ein Hahn,
die Geschichte geht an.
Eine Kuh und ein Kalb,
die Geschichte ist halb.
Eine Katz' und eine Maus,
die Geschichte ist aus.

Die Dreier-Strukturierung hat aber auch noch – wie die Wiederholung – einen anderen Sinn. Sie half den Märchenerzählern, sich den Text besser zu merken und gleichzeitig den (die) Hörer nicht zu überfordern. Das gilt genauso für uns.

Flächenhaftigkeit

Von großer pädagogischer Bedeutung und dabei nicht leicht zu begreifen ist das, was die Märchenfachsprache mit „Flächenhaftigkeit" bezeichnet. So wie es („Es war einmal") im europäischen Volksmärchen keinen Ort und keine Zeit gibt, so sind auch die Märchengestalten ohne Körperlichkeit, ohne Innenwelt, ohne Umwelt. Es gibt keine Krankheiten, und wenn doch, werden sie nur erwähnt, nicht näher erläutert. Verstümmelungen, wie etwa beim „Mädchen ohne Hände" oder bei der Heldin, die sich den Finger abschneidet, wirken eher ornamental: Es fließt kein Blut, von Schmerz ist nicht die Rede und von Heilungsprozessen auch nicht. Außerdem wächst beim guten Helden ja alles wieder nach. Tränen werden nur vergossen, wenn es für die weitere Handlung wichtig ist. Das Märchen spricht auch nicht vom Mitleid, von Arglosigkeit, vom Edelmut des Helden, sondern es zeigt ihn, wie er das alles in Handlung umsetzt. Ein Schwert im Bett garantiert die Unberührbarkeit, und die Hilfe der dankbaren Tiere macht seine Güte deutlich, mit welcher er ihr Leben geschont hatte. Wo immer das Märchen es kann, ersetzt es auf diese Weise Inneres durch Äußeres.

Eine Umwelt besitzen die Märchenfiguren auch nicht. Es wird keine Stadt genannt. Im Gegenteil. Mit Vorliebe zeigt uns das Märchen den Helden gerade dann, wenn er sich aufmacht, in eine unbestimmte Welt hinauszuwandern. Daß die Zeit keine Rolle spielt, hat eine weiterreichende Bedeutung als oben kurz erwähnt. So gibt es wohl alte Menschen, aber keine alternden. Wer verzaubert ist und erlöst wird, ist so jung wie damals, als er verzaubert wurde. Der Zeitablauf ist eben bedeutungslos. Am vertrautesten ist uns das bei Dornröschen, die nach hundert Jahren Schlaf gleich jung und schön erwacht. Und mit ihr erwacht der ganze Hofstaat im Zustand des Einschlafens. Überhaupt besitzen die Helden des Märchens ewige Jugend. Genau das Merkmal der Flächenhaftigkeit hat das Volksmärchen mit dem Comic gemeinsam.

Vor allen anderen Merkmalen macht die Flächenhaftigkeit das Märchen für Kinder geeignet. Dem Kind wird hier sozusagen Rohmaterial angeboten, dessen Ausmalung es selbst in seiner Phantasie besorgen muß. Und die Phantasie wird sich an den Rahmen der Verständnis- und Emotionsgrenze des jeweiligen Kindes halten, es sei denn, die Form der Darbietung ist von der Märchentypik abgewichen (etwa durch Medien, etwa durch ein zu dramatisches Erzählen).

Damit ist auch schon ein erstes Wort zum Vorwurf der Grausamkeit im Märchen gesagt.

Eine Gegenstimme

Vilma Mönckeberg hat sich über die „Flächenhaftigkeit" des Märchens ereifert. Max Lüthi habe bei dem von ihm geprägten Begriff den Leser im Auge, keineswegs aber den Erzähler oder Zuhörer. Im Erzählen nämlich werden die Märchengestalten zu blutvollen, vitalen Personen, die nicht flächig auf die Buchseiten gebannt sind, sondern körperhaft, dreidimensional im Raum stehen und sich frei bewegen. Da spürt man eben doch, wenn sich das Schwesterchen den Finger abschneidet. Allerdings braucht es dafür den Erzähler, der die Worte so ausspricht, daß sie – je nach Publikum – für die Zuhörer mehr oder weniger erregende Wirklichkeit werden.

Formelhaftigkeit

Die Formeln haben das Märchen sozusagen am Leben erhalten, über Jahrhunderte, sie haben über Schüchternheit und Vergeßlichkeit hinweggeholfen. Ist einmal „Es war einmal" gesagt, ist für den Erzähler der Einstieg in die Geschichte geschafft, und sie kann ihren Lauf nehmen. Zur Formelhaftigkeit gehören auch die Verse. Auch hier wieder trifft es zu: Hat das ganze Märchen sich verändert, die Verse sind geblieben. Sie waren der Höhepunkt und wurden als solcher gesungen.

Eingangsformeln

Wir kennen als Eingangsformel fast nur „Es war einmal". Das haben wir so bei Grimm gelernt. Fehlt einmal diese Formel, so werden sofort die Hauptakteure vorgestellt, damit der Zuhörer gleich weiß, womit er es zu tun hat.

- Es war einmal eine Frau, die war eine rechte Hexe …
- Es jagte ein König in einem großen Wald …
- Ein Läuschen und ein Flöhchen, die lebten zusammen …
- Es hatte ein Mann einen Esel …

Die Hörer sind sofort hingeführt zum Ort der Tat. Nur müssen sie (vor allem die Kinder) hinterher durch eine Schlußformel dort wieder abgeholt werden, vor allem, wenn sie weit entrückt waren, etwa „zu jenen Zeiten, wo das Wünschen noch geholfen hat …" Das Entführenwollen in ein Märchenland hat viele Erzähler zu sehr langen Eingangsformeln verleitet, etwa Frau Mönckeberg:

„Es war einmal in sieben mal sieben Ländern, jenseits des Operenzen-Meers – was jenseits war, war nicht diesseits, was diesseits war, war nicht jenseits –, dort war ein entsetzlich großer Pappelbaum, an jedem Zweige hingen 99 Weiberröcke, in der Tasche jedes Weiberrocks war ein Märchen. Wie ich jüngst vorbeiging, blies mir der Wind eins herunter, da habe ich das Märchen gelernt. – Na ja, es war einmal …"   (Aus: Das Märchen und unsere Welt, S. 227.)

Verse

Die Brüder Grimm haben großen Wert auf die Tradition der Verse gelegt und sie auch literarisch nicht verändert. Sie sollten daher auch so belassen und – warum eigentlich nicht? – in einem selbstdachten Singsang vorgetragen werden. Wie mag sich anhören:

Knusper, knusper, kneischen,
wer knuspert an meinem Häuschen?

und gar die Antwort:

Der Wind, der Wind,
das himmlische Kind.

Vielleicht fällt auch den Kindern eine Melodie dazu ein.

Schlußformeln

Am Ende müssen die Zuhörer wieder zurückgeholt werden auf den Erdboden. Das ist einer der Gründe für die Anwendung der Schlußformel. Allgemein signalisiert sie, daß das Märchen nun zu Ende ist, und in noch gar nicht so fernen Zeiten hieß sie die Zuhörer ihre Geldbeutel zücken für den Erzähler, der häufig recht arm war. Auch wir heute holen

unsere Kinder wieder aus dem Märchenland zurück, erlösen
sie aus dem Bann, oft mit einem befreienden Lachen:

> Da kommt eine Maus,
> und wer sie fängt
> kann sich eine große Pelzkappe draus machen.

Häufig endet die Geschichte mit einer Hochzeit, und

> dann fing das Glück erst an.
> – Ich wollte, du und ich,
> wir wären auch dabeigewesen.

Manchmal werden die Zuhörer aber auch im Bann gelassen:

> Und wenn sie nicht gestorben sind,
> dann leben sie heute noch.

Bei Erwachsenen geht es da großspuriger zu. Und wenn wir
uns einmal von Grimm freistrampeln wollen, versuchen wir
es doch mit einer ausführlicheren, selbstausgedachten
Schlußformel, die vielleicht in eine Art Aufschneidermanier
bezeugt, daß wir selbst dabei waren:

> Übrigens war ich selbst dabei,
> hatte silberne Schuhe an,
> und als ich mit dem Küchenjungen Rock 'n' Roll tanzte,
> brach ein Absatz ab.

Isolation

Wenn der Schellenursli des alten Bilderbuches ganz allein zu
seinem Maiensäß hinaufsteigt, handelt er isoliert. Keiner
hilft ihm dabei. Umso größer ist die Freude hinterher bei der
Mutter, als er heimkommt. Auch Hänschen Klein handelt
isoliert. Mit Stock und Hut versehen geht er in die weite
Welt hinein, genauer gesagt: nach Amerika. Doch als er genug hat, kommt auch er wieder zurück zu seiner lieben
Mama. Die Beliebtheit solcher Themen (es gibt eine Menge
Bilderbücher nach dem Hänschen-Klein-Prinzip) läßt darauf schließen, daß Kinder sehr früh diesen Drang zum „Sel-

bermachen" haben, vorausgesetzt, eine Anlaufstelle ist ihnen sicher.

Der Held

Auch das Märchen weiß, daß sein Held nur in der Isolation seine Prüfungen bestehen kann. Die ganze Flächenhaftigkeit bedeutet ja schon eine isolierende Darstellung. Erst die Umwelt, Innenwelt, Schmerz und Tröstung – was alles ausgespart wird – würde ja eine Gemeinsamkeit schaffen. So aber steht jeder für sich: Das einzige Kind, der jüngste Sohn, der König, der Arme, der Dummling, die Hexe, der Grindkopf. Keiner steht in einer lebendigen Beziehung zu Familie oder Umwelt. Die Eltern sind gestorben, haben den Helden ausgesetzt oder dem Teufel verschrieben. Die drei Brüder ziehen getrennt in die Fremde. Jeder hat seine eigene Ablösung zu vollziehen, das ist Menschen- und Märchengesetz. Daß sie beim jungen Helden endgültig ist und nicht nur vorübergehend – sozusagen auf Probe wie bei Hänschen Klein –, liegt daran, daß die Märchen ursprünglich ja nicht für kleine Kinder geschaffen wurden. Wer jetzt den Einwurf „Hans im Glück" bringt, sollte wissen, wie negativ die Märchenpsychologie diesen Dummkopf beurteilt, der alles Erworbene (materielles Gut steht auch für Reife!) hergibt, nur um wieder bei der Mutter zu sein.

Märchenstil

Auch der Märchenstil isoliert. Keiner zieht Folgen aus dem, was doch gerade eben geschehen ist. Im Aschenputtelmärchen fällt es der Stiefmutter überhaupt nicht ein zu spionieren, wer eigentlich dem Mädchen die Linsen immer wieder aus der Asche holt. Auch die Pechmarie, der die Schwester doch alles, was sie erlebt hat und was ihr zum Glück verhalf, getreulich geschildert hatte, macht alles ganz anders und erntet daher zu Recht nur Pech dafür. Oder die Helden, die Aufgaben zu erfüllen haben. Gelingt es, und sie kommen nicht dabei um, so fordert der Auftraggeber einfach etwas Neues, ohne zu erklären, warum auf einmal die gelöste Auf-

gabe nicht genügen soll. Besonders deutlich äußert sich die
isolierte Tendenz des Märchenstils in den Fragen an durch-
schaute Bösewichter. Als im Märchen von der Gänsemagd
der alte König das ungetreue Kammermädchen fragt, was
mit einer solchen zu geschehen habe, die so und so gehandelt
hat (und er erzählt haargenau den Verlauf ihres speziellen
Vergehens), spricht die Magd – und dies sicher nicht aus
Dummheit – ohne Besinnen ihr eigenes schreckliches Urteil.
Max Lüthi sagt, es ist nicht Ungeschick oder Plumpheit, sondern hohe Formkultur, die dem Märchen diesen Effekt des
isolierenden Stils erlaubt.

Polarisation

Personen

Das wichtigste Mittel für die Charakterisierung von Personen ist für das Volksmärchen die Polarisation. Es will seine
Figuren möglichst genau beschreiben, ohne ausführlich zu
werden. Um also auf die wirksamste und verständlichste
Weise die Eigenschaft einer Person hervorzuheben, setzt sie
das Märchen in schroffen Gegensatz zu einer anderen Person. Klar, daß dadurch Extreme entstehen:

- Vollkommene Schönheit oder vollkommene Häßlichkeit
- Güte oder Bosheit
- Armut oder Reichtum
- Fleiß oder Faulheit

Es gibt Riesen und Zwerge, der Prinzessin steht der Dummling gegenüber, Pech und Gold ergießen sich über die beiden
so unterschiedlichen Maries.

Begebenheiten

Auch die *Situation,* in der die Märchenfiguren stehen (die
Armut von Hänsel und Gretel ist so groß, daß die Eltern die
Kinder aufgeben wollen), die *Begebenheiten,* die ihnen wider-
fahren (in „Der Teufel mit den drei goldenen Haaren" wird

ein Büblein mit einer Glückshaut geboren und ihm geweis-
sagt, es werde im vierzehnten Jahr die Tochter des Königs
zur Frau haben), und die *Aufgaben*, die sie erfüllen müssen,
sind extrem gezeichnet.

Warum dieses Stilmittel?

Bereits viele Titel der Märchen stehen schon unter dem Stilmittel der Polarisation: Katze und Maus in Gesellschaft,
Vom Fischer und syner Fru, Hänsel und Gretel, Der Frieder
und das Catherlieschen. Und warum das alles? Auch im Comic steht dem Held der Widersacher gegenüber, und je häß-
licher und böser der Widersacher dargestellt ist, umso
strahlender und siegreicher wirkt auf den Betrachter der
Held. Genau das ist beabsichtigt. Das Märchen vermittelt innere Bilder, die auf diese Weise außerordentlich nachhaltig
sind. Sie entsprechen dem Bedürfnis, klar und unmißver-
ständlich zu sein. Und damit wären wir wieder beim Kind.
Nirgendwo besser lernt es so früh schon gut und böse zu unterscheiden, Gerechtigkeit und Unrecht. Ja selbst das Grausame ist nichts als ein Mittel der Polarisation, um dem
Bedürfnis des Zuhörers nach berichtetem Unrecht Genugtu-
ung zu verschaffen. Das Märchen hat da allerdings ein paar
Bilder anzubieten, wie die glühenden Schuhe oder das oben
erwähnte Nagelfaß, die so extrem und für Erwachsene gedacht sind, daß man sie der kindlichen Phantasie vorerst
doch besser nicht zumuten sollte.

Achtergewicht

Ein Begriff aus der Seefahrt (achter = hinten), für das Märchen geprägt von einem anderen Märchenwissenschaftler,
Axel Olrik. Er will sagen, daß das Märchen mit Vorliebe mit
seiner Sympathie dort steht, wo die letzten, hintersten sind.
Also die Armen, der Dummling und – man höre und staune –
der Faule. Das bezeugt, daß es gerade die unteren, vernach-
lässigten Bevölkerungsschichten waren, denen Märchen erzählt wurden und die sich darin einbringen und wiedererken-

nen konnten. Heute sind es die Kinder, die sich mit dem Achtergewicht im Märchen identifizieren.

Die jüngste Prinzessin

Die jüngste Prinzessin ist solch ein Achtergewicht. Ich denke hier etwa an „Das singende springende Löweneckerchen". Zwar ist sie nicht dumm, sie wird sogar von ihrem Vater ganz besonders geliebt. Aber sie macht dem Vater Schwierigkeiten. Das ist auch so ein Fall, den manches Kind leicht nachvollziehen kann. Die Jüngste will nämlich nicht Perlen und Diamanten wie die älteren Schwestern, sondern nicht mehr und nicht weniger als eine Lerche. Und genau die bringt den Vater in die größten Schwierigkeiten und und die Tochter dann auch. Aber die Tochter besteht alle Prüfungen und bekommt später Mann und Kind dazu.

Der Dummling

Meist sitzt er hinterm Ofen, weil ihn doch keiner brauchen kann, und seine älteren Brüder ziehen auf Heldentaten aus. Als sie unverrichteterdinge wieder heimkehren, darf schließlich der Dummling es auch einmal probieren – und siehe da, ihm gelingt's. Nur weil er dumm ist? Nein, der Dummling ist meist gut zu den Tieren, ihm wird geholfen, wenn er ratlos ist, auf seiner Seite stehen die überirdischen Kräfte. Er ist naiv genug, daß er beispielsweise in „Die Goldene Gans" die kranke Königstochter zum Lachen bringt, und er kriegt sie auch als Frau, samt Krone. Und nie heißt es, daß ihr das keinen Spaß machte, oder daß er das Königsgeschäft nicht zu leisten imstande war. So ist es recht, denken die Kinder.

4 Wie lebensnah ist das Märchen?

Das Märchen und die Wirklichkeit

Vollzieht sich das Leben des Märchens neben dem Leben? Etwa als bloße Verschönerung, als Fluchtort des Daseins? Es spricht wenig dafür. Die meisten Märchen haben sich über sehr lange Zeit erhalten. Währenddessen wurden sie angereichert, gestutzt, korrigiert, nur damit die Ängste, Wünsche, Konflikte oder Probleme auch ja denen der Erzähler und Zuhörer entsprachen. Das ist Realitätstransport. Symbolische Verkleidungen dieser Aussagen wurden in einer voraufklärerischen Zeit durchaus als Realität verstanden. Nur seither haben wir gewisse Schwierigkeiten mit dem Verständnis dafür, weil wir Kopfmenschen geworden sind und uns nicht mehr die ganze Wahrheit zuteil wird, sondern immer nur die halbe, nämlich die des Verstandes. Aber der Wirklichkeitsbezug des Märchens ändert sich nicht, nur weil unsere Vorstellung von der Wirklichkeit sich geändert hat. Gehen wir trotzdem auf sie ein. Wir sind nun mal so. Zum Glück besitzen wenigstens noch die Kinder diese Welt der Phantasie.

Kennen Sie Kinder?

Ich darf hier auf ein köstlich zu lesendes Buch eingehen: Carl-Heinz Mallet, Kennen Sie Kinder? Der Autor schreibt dort bereits in einem privaten Vorwort einiges Beachtliche zu unserem Thema. Er fängt an mit einer kleinen Geschichte:

Als junger Lehrer erlebte er allerlei Rätselhaftes mit seinen Kindern. Da begab er sich schließlich zu seinem Onkel, einem Psychiater. „Weißt du, wie Kinder sind?" Der Onkel ließ sich erst einmal alle Erfahrungen erzählen, dann schüttelte er leicht den Kopf. „Ich weiß es nicht", sagte er. „Wer kennt sie schon?" Dann gab ihm der Onkel ein Buch. Es waren die Kinder- und Hausmärchen der Brüder Grimm. „In diesem Buch", sagte er, „steht alles, was es über Kinder zu wissen gibt." Und freundlich fuhr er fort: „Aber vermutlich hast du nicht genügend Verstand, dieses Wissen aus den Geschichten herauszulesen" … „Allerdings brauchte ich ein halbes Leben, um Märchen ein wenig zu verstehen." (S. 8/9, gekürzt.)

Kennen Märchen Kinder?

Mallet belegt in seiner humorvollen Art, daß diese simplen Geschichten, Märchen genannt, tatsächlich mehr von Menschen wissen als ein erfahrener Psychiater. Nur muß man erst lernen, zwischen den Zeilen zu lesen, hinter der vordergründigen Märchenhandlung die untergründigen Wahrheiten aufzuspüren. Vor allem natürlich haben es ihm, Mallet, die Kinder angetan. Er zählt eine Handvoll von ihnen auf.

Diese Kinder sind alles andere als brave Abbilder elterlicher Wunschvorstellungen. Sie sind wirklich anders und führen ihr – typisch kindliches – Eigenleben. Sie lieben, leiden und hassen. Sie stehlen und lügen, sind gutmütig und opferbereit, egoistisch und eifersüchtig. Rigoros verfolgen sie ihre Ziele, und immer triumphieren sie am Schluß und lassen dann ihre Feinde genüßlich-grausam sterben. Ja, so ungefähr sind Kinder. (S. 9.)

Hätten wir den Mut, solche und ähnliche Überlegungen über unsere Kinder anzustellen? Mallet erklärt das auch näher:

In den Märchen sind nicht nur die Naturgesetze aufgehoben, sondern die meisten anderen Gesetze auch, gute Sitten, Moral und die Zehn Gebote eingeschlossen. Darunter dominiert die Natur und brodelt ein recht urtümliches Leben … Die Märchen entstanden abseits der großen Welt … Sie blieben frei von moralischen Einstellungen, Verhaltensnormen und Sitten der verschiedenen Zeitabschnitte. (S. 9/10, gekürzt.)

Soweit Mallet. Wir werden später noch auf ihn zurückkommen. Er hat seine These mit vier Grimmschen Märchen untermauert. Immerhin hat Bruno Bettelheim höchstpersönlich das Nachwort geschrieben.

Sitten und Bräuche als Realitätsbezeugung des Märchens

Auf ihrer bewegten Wanderung durch die Zeiten haben die Märchen tatsächlich Vorgänge aufgenommen, die uns heute kulturgeschichtlich mancherlei Auskunft geben können. Mit diesem Thema hat sich der Märchenforscher Lutz Röhrich gründlich auseinandergesetzt in seinem Buch „Märchen und Wirklichkeit". Viele Dinge des Märchens machen freilich nur seine dekorativen Züge aus. Aber etwa die sich zäh behauptende Hirse – wie wir sie von „Der süße Brei" her kennen – ist als kulturgeschichtliches Indiz anzusehen. Es ist nachgewiesen, daß sie die Hauptnahrung der niederen Schichten bildete, während die oberen Brot aßen. In den Niederlanden etwa ist das der Reis. Dort ist eben auch die Mauer um das Schlaraffenland aus Reis, während sie hierzulande in den meisten Fassungen aus Hirsebrei ist – vorausgesetzt, sie ist nicht aus Pflaumenmus. Das Aschenputtelmärchen enthält mit Wahrscheinlichkeit eine brauchtümliche Szene. Belegt ist der germanische Verlobungsbrauch des Schuhanziehens. Bei romanischen Völkern werden zum Teil heute noch vor der Trauung der Braut die alten Schuhe ausgezogen. Ein verbreiteter Hochzeitsbrauch ist in den Märchen auch das Brautwerben. Es werden Proben, Prüfungen verlangt, und zwar von seiten der Frau. Sie muß Bedingungen stellen, ehe sie sich dem Mann unterstellt. Der Mann muß seine Männlichkeit vor ihr erst beweisen, auch auf die Gefahr hin, sein Leben zu verlieren. Natürlich wird die Schilderung solcher Proben im Märchen oft übersteigert, wie etwa bei „Das Meerhäschen":

Weil sie aber stolz war, sich niemand unterwerfen wollte und die Herrschaft allein behalten, so ließ sie bekanntmachen, es solle niemand ihr Gemahl werden, der sich nicht so vor ihr verstecken könnte, daß es ihr unmöglich wäre, ihn zu finden. Wer es aber versuche und sie entdecke ihn, so werde ihm das Haupt abgeschlagen und auf einen Pfahl gesteckt. Es standen schon 97 Pfähle mit toten Häuptern vor dem Schloß, und in langer Zeit meldete sich niemand. Die Königstochter war vergnügt und dachte: „Ich werde nun für mein Lebtag frei bleiben."

Wer hätte so viel Emanzipation von unseren Ahninnen erwartet!

Das Spinnen

Welche Rolle spielt doch das Spinnen beim Märchenerzählen! Die Spinnstuben waren der gebräuchlichste Ort des Erzählens. So ist es doch naheliegend, daß – wie bei der Totenwache Totenmärchen – dort Spinnmotive beliebt waren. In „Rumpelstilzchen" wird in der Version von 1812 aus Stroh Gold gesponnen, wenn auch mit Hilfe eines zauberkräftigen Männleins. Eifrige Kulturhistoriker verlegten daher die Entstehungszeit dieses Märchens in den Barock, weil damals das Goldspinnen in der Blütezeit der Bortenwirkerei aus feinem Golddraht besonders zeitgemäß gewesen sei. Es wird angenommen, daß sie irren. Sie haben übersehen, daß das Märchen in Bildern spricht. Das Bild aber sagt: Der König wollte eine fleißige Frau, die ihm zu Reichtum verhilft. Bedenkt man, daß ein Märchenkönig kein eigentlicher König ist (so viele konnte es gar nicht gegeben haben), sondern einfach ein Hochwertbegriff, also vielleicht ein Großbauer, so leuchtet das Bild vom Goldspinnen ein. Auch bei „Frau Holle" spinnen die Mädchen am Brunnen, ehe sie hinabsteigen. Und Dornröschen holt sich an der Spindel den hundertjährigen Schlaf.

Das soziale Milieu

Sogar in Beziehung zu Gott und den Heiligen gilt die Milieuwirklichkeit des Erzählers: Die Engel im Himmel dreschen Hafer, im Märchen der Zigeuner laust ein Mädchen den lieben Gott, der aufsteigende Weihrauch heilt seine Zahnschmerzen. Gott wandert wie die Zigeuner selbst in der Welt herum, freut sich an den Landstreichern und Taugenichtsen und zeigt, wenn nötig, seine Langmut. – Das alles ist Lebenswirklichkeit, welche die Märchen aufgenommen und wunschhaft projiziert haben.

Spiegel der realen Welt

Wer überhaupt Märchen aus verschiedenen Ländern liest,
spürt, daß die Wirklichkeit des betreffenden Landes sich in
ihnen widerspiegelt, seien es – wie oben – Zigeunermärchen,
isländische, irische, griechische oder Indianermärchen. Am
nächstliegenden ist wohl das Beispiel der Grimmschen Märchen, die im 1. Band fast nur hessische Beispiele mit hessi-
schem Milieu bringen. Unterstrichen wird das noch durch
die Original-Zeichnungen von Otto Ubbelohde, der den Gestalten hessische Tracht anpaßt, der Landschaft hessisches
Kolorit.

Problemsituationen im Märchen

Genau betrachtet handeln die Märchen von Problemen, die
immer schon waren und immer wieder sein werden. Wunderbar ist ja immer nur das eine oder andere Motiv, nie das eigentliche Märchenthema selbst. So kennt fast jedes Märchen
ernsthafte Konfliktsituationen: Kinder werden ausgesetzt,
Tabus werden gebrochen, Stieftöchter verstoßen, geprüft,
benachteiligt. Eine Frau mißbraucht die Gutmütigkeit ihres
Mannes für ihre überspannten Ideen. Ein junger Mann fordert den Tod heraus und verliert. Ein Vater schneidet vor
dem König auf und zwingt dadurch seine Tochter, Unmögli-
ches zu tun. Eine große Rolle spielen familiäre Probleme,
also das Generationsproblem oder der Ablösungskonflikt
der Kinder von den Eltern. Auch Kinderlosigkeit spielt häufig eine Rolle. Es gibt auch Situationen psychischer Unord-
nung, etwa, wenn der König oder die Königstochter nicht
lachen können. Das Märchen findet meistens eine mehr oder
weniger harmonische Lösung für all diese Probleme und
stellt die natürliche Ordnung wieder her. Überall hier haben
wir das Märchen als Lebensbewältigung, was in der erzieherischen Arbeit eine so große Rolle spielt. Damit vermitteln
wir unseren Kindern ein Stück Lebenserfahrung, die sich
einnistet und vielleicht eines Tages hilfreich zur Verfügung
steht.

Auffallend im Märchen ist auch die Frage nach dem

Glück. Das bedeutet, daß es immer auch Unglück gibt. Also wird das Glück nicht mühelos errungen, sondern der Held muß Prüfungen und Gefahren bestehen, bis ihm das Glück zuteil wird. Und worin besteht schließlich dieses Glück? „Sie lebten glücklich und zufrieden", wie es oft am Ende heißt.

All dies sollten wir wissen, wenn wir auch nur das kleinste, einfachste Märchen den Kindern erzählen. Das Verhältnis von Märchen und Wirklichkeit ist in jeder geschichtlichen Epoche wieder ein anderes. Immer und zu allen Zeiten haben sich die Märchen der jeweiligen Realität angepaßt. Und schließlich haben sie nach einem oft jahrhundertelangen Entwicklungsgang auch noch unsere Gegenwarts-Wirklichkeit in sich aufgenommen.

Die Grausamkeit im Märchen

Fakten

Ich werde oft zu Elternabenden eingeladen, um dort über das Märchen zu sprechen. Meistens zielt dann gleich die erste Frage auf das Problem der Grausamkeit. Seien wir ehrlich: Wer wird schon damit fertig? Lutz Röhrich hat in „Märchen und Wirklichkeit" (S. 124) eine Reihe von Grausamkeiten zusammengestellt, die in jeder Grimmschen Ausgabe zu finden sind. Da kann man schon erschrecken, was die sanften Brüder noch haben durchgehen lassen.

Kinder, besonders Waisenkinder, werden von ihren Pflegeeltern schikanös gepeinigt (KHM 21, 24, 130, 185, 186), ausgesetzt, verstoßen (KHM 15, 201) oder sogar grausam ermordet (KHM 13, 53). Ein treuer Freund kann nur zum Leben zurückgebracht werden durch das Blut zweier unschuldiger Kinder, die dafür getötet werden müssen (KHM 6). Bei der Geburt eines Mädchens droht der Vater seinen zwölf Söhnen den Tod an (KHM 9). Da werden Kinder von einer Hexe gefangen und gemästet, um später gegessen zu werden (KHM 15). Ein Knabe wird von seiner Mutter bestialisch geschlachtet und seinem Vater zum Mahl vorgesetzt (KHM 47). Ein anderer Vater läßt seiner Tochter, die ihm den Gehorsam verweigert, erbarmungslos beide Hände abschlagen (KHM 31). Hunderte von jungen Mädchen werden einem bösen Drachen zum Fraß aus-

geliefert (KHM 60). Wir finden Motive von gräßlichem Kannibalis-
mus (KHM 15, 47) und Menschenopfern (KHM 6, 60). Es geschieht
Brudermord (KHM 28, 60) und sogar Gattenmord (KHM 16, 126).
Eine noch im Kindbett liegende Mutter wird im Bad erstickt (KHM
11). Menschen werden geblendet (KHM 107, 121), grausam zerstückelt (KHM 47) oder lebendig begraben (KHM 16). Abgewie-
sene Freier werden von einer Prinzessin erbarmungslos hingerich-
tet und ihre Köpfe auf die Schloßmauer gesteckt (KHM 191). Ein
Lustmörder bringt eine große Zahl von Mädchen, die er in sein
Haus gelockt hat, in der Blutkammer auf eine abscheuliche Art ums
Leben, indem er ihre Körper zerhackt und die blutigen Glieder in
eine Schüssel wirft (KHM 46).

Kritik

Wundert es einen da noch, daß von allen Seiten die Eltern
fragen: Warum? Warum? Wir müssen die Eltern trösten: Mit
ihrer Frage sind sie in guter Gesellschaft. Bereits zu Lebzei-
ten haben die Brüder Grimm, die doch ihr Buch eigens für
Kinder bearbeitet und verharmlost haben, wegen der geschil-
derten Grausamkeiten heftige Kritik erfahren. Freund
Achim von Arnim hat auch die Roheit bestimmter Märchen
beanstandet.

In unserer Zeit haben wir wohl das aufsehenerregendste Beispiel
von Kritik: Eine Denkschrift der Britischen Militärregierung, die
nach dem Zweiten Weltkrieg herausgegeben wurde, befaßte sich
mit der Verwendung von Märchen in Deutschen Schulbüchern und
kam zu dem Schluß, daß aus den Lesebüchern Märchen, Legenden
und Sagen zwar nicht ganz verschwinden, aber doch auf ein Min-
destmaß beschränkt werden sollten, da die Gefahr einer Überdek-
kung der christlichen Lehre mit heidnischen Vorstellungen bestehe.
Und eine Zeitlang war der Neudruck von Märchensammlungen geradezu verboten, weil das deutsche Volk durch die Märchen grausam geworden sei und man der Märchenlektüre eine Hauptschuld
an der Entwicklung der KZ-Methoden zuschrieb.

Rechtfertigungen

Die Brüder Grimm, befragt: Was sagten sie wohl zu ihrer
Verteidigung? Sie sagten mit Recht, auch die grausamen
Züge der Märchen stellten eine wichtige Seite der Volks-

überlieferung dar, an der ihnen als Wissenschaftler so sehr
gelegen war. Tatsächlich waren zahlreiche Züge der Grausamkeit trotz mancher Glättung im Äußeren nicht aus der
Sammlung zu verbannen, weil sie wesentlich zum Grundbe-
stand der jeweiligen Erzähltypen gehören. Also eine möglicherweise jahrhundertealte Überlieferung perverser Phantasien? Nein. Und damit sind wir bei unserem Thema vom
Wirklichkeitsbezug der Märchen. Wir dürfen die Grausamkeiten nicht aus unserem Gegenwartsbewußtsein heraus beurteilen. Den einzelnen grausamen Motiven muß nachgegangen werden bis zu dem Punkt, wo tatsächlich Wirklich-
keitsbezüge zu finden sind. In einem späteren Kapitel habe
ich das als Beispiel für andere mit dem Märchen „Rotkäppchen" versucht.

Ein paar Beispiele: Die Hinrichtungsformen und Verstümmelungen
aller Art sind durchaus historische Strafen: Das Abhauen von Hand
und Fuß, das Blenden, Vierteilen, das Zu-Tode-Schleifen – lassen
wir es dabei. Auch das Lebendig-Begraben war noch bis ins Mittelalter hinein die Todesstrafe bei Frauen für jene Verbrechen, um de-
retwillen Männer gehängt wurden. Selbst der schreckliche Hinrich-
tungsvollzug in der Nageltonne ist als Todesstrafe der Karthager
bezeugt.

All das und noch weit mehr hat das Märchen aus der Wirklichkeit aufgenommen. So spiegelt es, durch lange Überlieferung geprägt und geformt, grausame Strafen, die in der
Vergangenheit wirklich üblich waren und urteilt moralisch
ähnlich streng, wie dies auch früher geschah. In welcher
Weise das nun erzählt wird, das liegt an den epischen Gesetzen des Märchens. Das Märchen liebt die extremen Fälle,
und deshalb ist die grausamste und ausgefallenste Bestrafung immer die erzählerisch wirkungsvollste. Im Märchen
gibt es auch das Gute und das Böse nur im Extrem, und deshalb für den Bösewicht auch kein Mitleid, sondern seine ra-
dikale Vernichtung. Denn das Strafgericht am Schluß der
Erzählung bildet den wirksamen Kontrast zur Erhöhung des
Helden.

Zurück zu den Kindern: Was nun?

Zur Rechtfertigung der Grimmschen Märchen wäre zwar zu
sagen, daß ihre Grausamkeiten nicht nur auf das deutsche
Märchen beschränkt sind. Aber wir sollten auch die nur unbewußte Aufnahme solcher Züge beim Kind nicht zu leicht
nehmen. Wir wissen aus der modernen Tiefenpsychologie,
welche Macht das Unbewußte hat und wie es auch die be-
wußten und realen Verhältnisse beeinflussen kann. Doch
denken wir uns in die Kinder hinein. Vieles, was uns grausam
erscheint, wird von den meisten Kindern gar nicht so emp-
funden. Für ein Kind ist es selbstverständlich, daß der Märchenheld den Drachen oder den feurigen Hund erschlägt.
Wie viele Kinder empfinden es eigentlich als Tierquälerei,
wenn die alte Geiß dem Wolf den Bauch aufschneidet und
ihm statt der Geißlein Steine hineinfüllt? Auch wundern sie
sich kein bißchen, daß die Geißlein wieder frisch und munter
aus dem Bauch des bösen Wolfes herausspringen. Woher
kommt das? Der Begriff „Tod" ist ihnen noch fremd. Außerdem gibt es für das Märchen gar keinen wirklichen Tod, sondern nur einen ständigen Übergang vom Leben zum Tod
und vom Tod zum Leben.

Das Märchen spricht ja in Bildern vom Bedrohlichen, vom
Bösen und Guten, vom Heiteren und Traurigen, vom Schönen und Häßlichen. Und die Bilder des Märchens werden
vom Kind ganz unmittelbar und ohne jede Erklärung angenommen. Der schlimmste Fehler wäre es, ihm diese inneren
Bilder wegzunehmen, indem wir ihm beispielsweise Filme
vorsetzen oder auch Märchen-Kassetten, die akustisch die
kindliche Phantasie in ungeahnter Weise beeinflussen können. Erst dann dürfen wir unter Umständen von wirklicher
Grausamkeit sprechen.

Immer noch: Thema Grausamkeit

Der große Märchenkenner Walter Scherf sagt, daß viele
„grausame" Szenen, wie z. B. die Kindesaussetzung in „Hänsel und Gretel" oder die Mordabsicht in „Brüderchen und
Schwesterchen" nur geschehen, weil der Held sich aus seinen

vordergründigen Bindungen ablösen muß, um vom Kind
zum Mann zu reifen, um auf sich selbst gestellt zu sein. Nur
in der Isolation kann er wahrhaft wachsen und reifen. Die
Darstellung des Bösen entspringt also dem Bedürfnis, un-
mißverständliche Verhältnisse aufzuzeigen. Das tun noch
mehr die Prüfungen, die dem Helden auferlegt sind. Er muß
Gefährdungen oft absonderlicher Art durchschreiten, um
seine Unerschütterlichkeit und Lauterkeit, aber auch das
Ausmaß des Bösen überzeugend genug zu beweisen. Als drittes nennt Scherf, daß die Darstellung strenger und oft grau-
samer Strafen nötig ist, um den totalen Sieg der Gerechtigkeit aufzuzeigen. Mit einer abschließenden Szene wie der
vom Nagelfaß und anderen wird die Welt nach mancherlei
Strafen wieder als heile Welt hinterlassen. Mit dieser abschließenden Szene ist aller Konflikt geordnet, das Böse
schlechthin aus der Welt verwiesen. Das Märchen hat reinen
Tisch gemacht und klare Verhältnisse geschaffen.

Nicht vergessen dürfen wir auch das Stilmittel des Kontrastes: Die absolute Vernichtung des Bösen läßt den totalen
Sieg des Helden (oder der Heldin) in noch hellerem Licht er-
strahlen. Das gehört zur Erzählstruktur des Märchens. Vergessen wir aber auch nicht das Wesensmerkmal der Flächenhaftigkeit. Es bewahrt das zuhörende Kind vor emotionaler
Überforderung. Vorausgesetzt, daß gut erzählt wird.

> Der Jäger nahm eine Schere und fing an, dem schlafenden Wolf
> den Bauch aufzuschneiden. Wie er ein paar Schnitte getan hatte,
> da sah er das rote Käppchen leuchten, und noch ein paar Schnitte,
> da sprang das Mädchen heraus und rief: „Ach, wie war ich er-
> schrocken, wie wars so dunkel in dem Wolf seinen Leib!"

Kein Blut fließt, keine Wunde entsteht. Das symbolstarke
Märchen entwirklicht das Grausame. Es wäre daher ein Fehler, es „dramatisch" zu erzählen.

... zerteilt den Knaben und kocht ihn

Es gibt noch genügend grausame Märchen, die nicht für
Kinder bestimmt sind. Der „Machandelboom", meine ich,
gehört dazu. Trotzdem fand ich den Bericht einer Erzieherin

von Hortkindern, die damit gute Erfahrungen gemacht hat. Sie selbst empfand als Kind das Märchen als grausam und liebte es trotzdem. So erzählte sie es auch während einer Ferienfreizeit und beeindruckte die Kinder so sehr, daß sie es nun jeden Abend erzählt bekommen wollten. Die gemeinsame Vorliebe brachte sie nun darauf, nach Parallelen in ihrem und der Kinder Leben zu suchen. Und tatsächlich: Sowohl sie selbst während des Krieges als auch die Kinder, die den ganzen Tag im Hort verbringen müssen, kamen sich offenbar unbewußt abgeschoben vor. So wie auch die Stiefmutter im Märchen das Kind nicht annimmt. Das Schwesterchen aber verhilft zur Erlösung. – So können selbst grausame Märchen Lebenshilfe sein.

Das Kind erfährt die Welt

Das Kind, das eine Bildersprache noch intuitiv begreifen kann, lernt durch das Märchen die Welt kennen. Hilfreich ist ihm dabei die Flächenhaftigkeit. Auch die Typisierung hilft Menschen erfahren, die differenziert noch nicht erfahrbar wären. Ebenso die Polarisation: Dem Großen steht das Kleine, dem Starken das Schwache, der Macht die Hilflosigkeit, der Klugheit die Dummheit, dem Schönen das Häßliche, dem Guten das Böse gegenüber. Das ist eine verständliche, auf ihre gegensätzlichen Grundelemente reduzierte Wirklichkeit.

Die Märchenpersonen sind also vereinfacht zu verstehen. Sie verkörpern Grundanliegen des menschlichen Daseins: Glück und Erfolg, Ordnung und Gerechtigkeit, Liebe und Gemeinsamkeit. Aber auch Verstrickung in Neid, Habgier und Bosheit. Ja, und eben auch Grausamkeit und Gewalt. Auch hier hilft dem Kind wieder das märchentypische Überall und Immer bei der Anwendung der allgemein gültigen Aussagen auf die verschiedensten individuellen Lebenslagen. Es ist an keinen Ort und an keine Zeit gebunden und gilt daher – warum auch nicht – noch heute.

Beispiel für Lebenswirklichkeit im Märchen

Der oben schon zitierte Carl-Heinz Mallet hat sich die
Mühe gemacht, aus vier Grimmschen Märchen die eigentlichen menschlichen Probleme herauszufiltern, fernab aller
bildhaften Verkleidungen. Ich will versuchen, das Wichtigste
davon hier zu vermitteln, und zwar nahme ich mir „Hänsel
und Gretel" vor.

Hänsel und Gretel: Mallet wendet sich erst voll Verständnis Hänsel
und Gretels Eltern zu. Mit ihnen beginnt das Märchen. Außerdem
sind Eltern nun einmal das Schicksal ihrer Kinder. Nun gut. Jeder
Leser hat Verständnis für den geplagten Vater. Aber die Mutter?
Jeder hält sie für herzlos, bereits die Brüder Grimm taten das,
darum änderten sie auch den originalen Märchentext. Während in
der Urfassung nämlich noch von der „Mutter" die Rede ist, haben
die Grimms später das Wort häufig durch „Frau" ersetzt und
schließlich durch „Stiefmutter". Verständlich, denn sie ist offensichtlich wirklich böse. Doch Mallet sagt: Das scheint nur so. Die
Eltern haben nicht viel Handlungsspielraum, sie haben genauge-
nommen nur zwei Alternativen: Entweder verhungern alle vier,
oder zwei überleben. Die Entscheidung heißt realistisch und nüch-
tern: Die Eltern sollen überleben. Denn die Kinder wären gar nicht
in der Lage, sich allein durchzubringen. Der Vorschlag der Mutter
ist die logische Konsequenz aus den gegebenen Tatsachen. Sie
denkt und handelt, während der Vater stöhnt und jammert. Das
Märchen vertauscht hier die angestammten Rollen, es holt beide
Figuren aus ihrem Rollenklischee.

Die „Aussetzung" der Kinder: Die Mutter will die Kinder gar nicht
umbringen. Sie schickt sie mit einem Stück Brot in den Wald. Feuer
will sie ihnen auch anmachen, und bei Bechstein befiehlt sie die
Kinder dem Lieben Gott. Klingt das nach Mordabsichten? Nur der
Vater spricht vom sicheren Tod der Kinder, er sieht förmlich schon
die wilden Tiere anschleichen. Statt dessen erleben die Kinder nur
„viel tausend Vöglein". Trotzdem bleibt die Tatsache bestehen, daß
es sich um eine Art Aussetzung handelt. Und genau dies möchte
Mallet als Bild verstanden wissen. Irgendwann müssen alle Kinder
erfahren, daß sie allein gelassen werden können, daß die Anwesen-
heit der Mutter nicht mehr selbstverständlich ist. Das erfahren die
Kinder nicht erst im Wald, sondern schon daheim im Bett, als sie
die Eltern belauschen. Und sie reagieren erstaunlich gelassen darauf. Zumindest Hänsel. Gretel ergibt sich traurig in ihr Schicksal.

Aber Hänsel hat Ideen. Hänsel handelt. Wie, wissen wir alle. Er lügt, erzählt eine rührselige Geschichte, sein Plan mit den Steinen gelingt. Wie oft sind wir schon von unseren Kindern auf die geschickteste Weise hereingelegt, manipuliert worden, na?

Die Kinder im Wald: Doch zurück zu den Kindern im Wald. Unter den Märchenhelden erweist sich Hänsel jetzt als einer von der negativen Sorte. Nach dem bißchen Aktivität verfallen die Kinder in Lethargie. Diese Helden machen keine positive Entwicklung, indem sie vorwärts drängen. Sie verhalten sich wie Kleinkinder: schlafen und weinen, mehr können sie nicht. Sie wollen keine Ablösung von daheim, wie das Märchenhelden tun. Sie pfeifen auf die weite Welt, wollen zurück an Mutters Rockschöße. Und es gelingt. Aber immer noch können sich die beiden nicht aus der kleinkindlichen, passiven Haltung lösen. Dabei haben sie Brot, und nicht zu wenig. Sonst könnten sie davon nicht noch auf den Weg streuen, wo sie doch wissen mußten, daß das die Vögel fressen. Nun ist die Ablösung endgültig, aber nur äußerlich. Tatsächlich verweigern sie immer noch die Entwicklung und beharren auf ihrem Anspruch, daß andere für sie sorgen müßten. Viele Märchenhelden haben sich noch viel länger im Wald durchschlagen müssen.

Hänsel: Da kommt das schneeweiße Vöglein und lockt sie zu dem Haus. Dort frönen sie ihrer Eßlust. Und als eine Stimme ertönt – immerhin haben sie lange keine menschliche Stimme mehr gehört – lassen sie sich durch niemand stören oder beeindrucken und demolieren das Haus und schlagen die Scheiben ein. Heraus kommt eine Hexe. Sagte ich Hexe? Eine steinalte Frau, heißt es, kam herausgeschlichen. Bei Bechstein wird sie sogar als „Mütterlein" bezeichnet. Sie scheint so lieb wie die beste Mutter, daß viele Kinder zum Tausch gegen ihre eigene Mutter bereit wären. Zum Glück haben sie keine Gelegenheit dazu, denn schon entpuppt sich die Alte tatsächlich als böse Hexe, die Kinder anlockt, um sie zu fressen. Und jetzt werden Hänsels Wünsche konsequent erfüllt. Er wollte klein bleiben und sich immer wieder um die Ablösung herumdrücken. Jetzt sitzt er in einem Ställchen und wird gar gefüttert. Und das nicht schlecht. Bleiben wir bei der Realität: Hänsels Schicksal gehört zu den größten Gefahren der Entwicklung. Viele Söhne werden von ihren Müttern verschlungen, aus Liebe verschlungen, versteht sich. Wieviel egoistische Mutterliebe erstickt die Söhne und läßt sie als seelische Krüppel auf der Strecke. Hänsels Mutter hat diesen Fehler nicht gemacht. Jetzt macht es die Hexe, bildlich ausgedrückt. Die Dressur zum Muttersohn beginnt mit Verwöhnung. Verwöhnung macht abhängig.

Gretel: Hänsel entgeht seinem Schicksal nur knapp. Bis zu diesem Punkt war er eher der Aktive, jetzt ist er verloren. Da plötzlich ergreift Gretel die Initiative. Gretel – die von der Hexe herumgestoßen worden ist – wurde dabei stark und zäh. Und in dem Augenblick, in dem sie eine Chance hat, handelt sie. Ruhig und realistisch. Mallet hat ein Herz für die Frauen. Er sagt: „Die größeren Belastungen, denen Mädchen ausgesetzt sind, führen zur Entwicklung besonderer Fähigkeiten." Gretel war von der Hexe hart hergenommen worden und mußte ihr helfen, wie jedes Mädchen seiner Mutter. In dem Augenblick der Chance also handelt sie entschlossen. Hänsel hätte das nicht geschafft. Das Märchen korrigiert hier in einer anschaulich-drastischen Bildersprache weitverbreitete Vorurteile über Jungen und Mädchen. Am Wasser zeigt Hänsel wieder seine Hilflosigkeit. Er hat nichts dazugelernt. „Wir können nicht hinüber", stellt er lakonisch fest. Gretel aber hat gelernt, daß sie sich selbst helfen muß, und es findet sich eine weiße Ente. Daheim angelangt, ist der Vater da. Gretel hat nun den zärtlichen Kontakt, den sie verdient hat und nötig braucht. Hänsel dagegen braucht sehr nötig den Vater, den Mann, die Konkurrenz. An ihm muß er nun seine Kräfte entwickeln. Die Mutter ist in den Grimmschen Fassungen tot, bei Bechstein nicht. Jedenfalls ist sie nicht mehr nötig für den Fortgang der Handlung. – Ja, das wäre also eine mögliche Wirklichkeit hinter den Bildern von Hänsel und Gretel.

Die Familie im Märchen

Das Kleinkind (auch noch das größere) liebt es, sich mit seinem Buchmilieu und erst recht seinen Buchhelden – weil es ja Vorbilder braucht – zu identifizieren. Was liegt daher näher, als ihm von seiner vertrauten Umgebung, von Haus und Garten, Straße und Wald, Vater, Mutter und Kind zu erzählen. Selbstverständlich, daß auch das Märchen davon berichtet. Wir werden jetzt Wald oder Straße beiseite lassen und uns auf die Familie beschränken, wenn wir die Frage stellen: Zeigt auch hier das Märchen die Lebenswirklichkeit?

Die Familie

Im europäischen Zaubermärchen spielt die Familie eine beherrschende Rolle. Aber als Familie wird hier meist die Kernfamilie aufgezeigt, obwohl die Märchen doch viel länger durch die Zeiten der Großfamilie gegangen sind. Großeltern und übrige Verwandte spielen kaum eine Rolle. Tanten, Onkel, Schwägerin und Schwager treten selten, und wenn, dann fast nur als Feinde auf. Häufiger sind Formen künstlicher Verwandtschaft wie adoptierte Kinder, Blutsbrüderschaft, Patenschaften und natürlich die Stiefmütter. Als unerwartete Parallele zu unserer Zeit sind die Familien also klein, sie haben ein einziges Kind oder manchmal zwei, ganz selten drei. Treten einmal sechs, sieben, zwölf oder überhaupt sehr viele Kinder auf, so erscheinen sie als geschlossene Einheit – denken wir an die Sieben Raben.

Da die Familie jedoch reich an gegenseitigen Abhängigkeiten und auch an starken Emotionen ist, liegt in ihr der Kern unendlich vieler Konflikte. Die Märchen wimmeln von solchen Konflikten. Sehr häufig muß die Stiefmutter dafür herhalten, etwa im Machandelboom oder in Schneewittchen oder bei Aschenputtel. Bei Rumpelstilzchen ist es ausnahmsweise mal der Vater, der schuldig ist. Zusammenfassend kann man sagen: Das Märchen interessiert sich für die Familie als Hintergrund des biographischen Geschehens seiner Helden, deren Bedrohungen und Siege immer wieder Bilder für menschliche Entwicklungsprozesse und Entfaltungen darstellen.

Die Mutter

Die Mutter spielt häufig die Hauptrolle im Märchen. Oft ist sie allein, wie etwa bei Rotkäppchen, dort könnte man sich in einer väterlichen Rolle eher den Jäger denken. Der guten Mutter steht die Stiefmutter gegenüber. Das hat einen realen Grund: Sehr viele Mütter starben früher am Kindbettfieber, und der Mann mußte sich zur Versorgung der vorhandenen Kinder eine zweite, dritte Frau suchen. Aber das Märchen spricht in Bildern. Jede Mutter, auch wir – soweit es uns betrifft – hat eine für das Kind helle und dunkle Seite. Wir lieben es, müssen ihm aber etwas abverlangen. Wir möchten es halten, müssen es aber freigeben. Das Märchen drückt das in seinen Bildern aus: Die Mutter, das ist die Gute, Hilfreiche, Bergende, noch über ihren Tod hinaus Helfende. Alles andere, vom Kind als negativ Empfundene, wird einfach Stiefmutter genannt. Jedes Kind wird seine Mutter ambivalent empfinden: gut und böse. Das Märchen bietet die Bilder dafür an.

Ein weiterer Punkt, der das Bild der Mutter trübt und sie schlichtweg zur Stiefmutter macht, sind die überall vorhandenen Beziehungsschwierigkeiten zwischen Müttern und Töchtern. Was soll ich hier viel erklären? „Schneewittchen" sagt genug. Die Mutter war so lange glücklich, als der Spiegel ihr bestätigen konnte, sie sei die Schönste im ganzen Land (Schönheit steht heute wie damals im Tugendkatalog der Frau ganz oben!). Aber das Töchterchen wuchs heran und machte der Mutter Konkurrenz. Eines Tages verkündet der Spiegel: Schneewittchen sei tausendmal schöner. Welche Mutter erträgt das, abgesetzt sein, aufs Altenteil, aufs Runzelteil? Ja, und da wird eben aus der Mutter eine Stiefmutter, in der einfachen, aber deutlichen Sprache des Volksmärchens.

Der Vater

Woher kommt es wohl, daß das Märchen vom Vater so wenig zu berichten weiß? Männer gibt es reichlich: Könige, Helden, Bösewichte. Aber Väter? Hat er eine so geringe Rolle innerhalb der Tradition der Familie gespielt? Suchen wir uns ein paar Vaterbeispiele.

Beim Märchen „Die Sterntaler" wird gleich eingangs schon berichtet, daß Vater und Mutter gestorben sind. Zum Glück, kann man nur sagen, wenn man andere Märchenväter nach ihren Aktivitäten befragt. Beim „Mädchen ohne Hände" geht es schlicht und einfach um Inzest. Der Vater hatte dem Teufel vermacht, was hinter seiner Mühle steht. Er dachte, es sei der Apfelbaum, doch dann war es die Tochter, die hinter der Mühle den Hof kehrte. Das fromme Mädchen widersetzte sich dem Bösen bis zum Abhacken der Hände.

Doch schließlich ergab sie sich gehorsam in den Willen des Vaters. Da sagte er:

> Ich habe so großes Gut durch dich gewonnen, ich will dich zeitlebens aufs köstlichste halten.

Da ging das Mädchen fort. Auch Allerleirauh geht von zu Hause fort. Hier wird schon deutlicher ausgedrückt, warum:

> Der König sprach zu seinen Räten: „Ich will meine Tochter heiraten, denn sie ist das Ebenbild meiner verstorbenen Frau, und sonst kann ich doch keine Braut finden, die ihr gleicht."

Es gibt auch gute Väter. Aber die sind gleich zu gut, das will sagen: schwach. So ist Hänsel und Gretels Vater schwach, er setzt sich nicht durch, seine Frau hat das Sagen. Das ist etwa die Situation, die wir heute „Die vaterlose Gesellschaft" nennen. Das Märchen spiegelt deutlich, daß die seelische Entwicklung der Kinder beeinträchtigt wird, wenn die Väter fehlen oder sich als zu schwach erweisen. Wenn die Anleitung zur Realitätsbewältigung durch den Vater fehlt, werden die Kinder davon gezeichnet sein. Die groteskeste Form von Schwäche haben wir beim „Fischer un syne Fru", obwohl es sich dort ja nicht eigentlich um einen Vater handelt.
Häufiger aber geschieht es in den Volksmärchen, daß ein Vater überhaupt nicht vorkommt. Ob er neben der starken (Märchen-)wirklichkeit der Mutter verblaßt? Aber wir wollen das nicht überinterpretieren. Nach seinen strengen Gesetzen nimmt das Volksmärchen Figuren aus dem Spiel oder setzt sie gar nicht erst ein, wenn es sie für den Fortgang der Handlung nicht braucht.

Der Held

Die Familie dient dem Helden dazu, daß er sich von ihr ablöst und seinen Weg ins Abenteuer der weiten Welt geht. Kommt er zurück, so nur, um Schätze zu bringen und Anerkennung einzuheimsen. Aber in die Familie integriert er sich nicht mehr. Sie ist fortan für die Handlung unnötig. Häufig wird berichtet, wie der Held innerhalb der Familie schlecht behandelt wurde, ja sogar gefährdet war. Das trieb ihn fort. So beobachtet Max Lüthi, daß der Märchenheld in der Au-

ßenwelt und in der Natur im wesentlichen gut aufgehoben
ist, in der Familie hingegen bedroht. Fast immer geht er dann
nach vielen Prüfungen einem eigenen glücklichen Familien-
leben entgegen, dessen Schilderung aber das Märchen nicht
mehr interessiert. Häufig ist der Märchenheld der Jüngste in
der Familie, oft auch scheinbar der Dummling, der zuletzt
aufbricht und mit Güte (häufig zu Tieren) mehr erreicht als
die älteren Brüder mit einer großen Klappe und Waffenge-
walt. Der Jüngste wird König werden, er wird die Prinzessin
gewinnen. Wieder ein Identifikationsmodell für das „kleine
Volk", wie wir schon beim Kapitel „Achtergewicht" feststell-
ten.

Die Heldin

Natürlich gibt es auch Heldinnen. Sie zeichnen sich aus – wie
könnte es anders sein – durch Schönheit, Tugendhaftigkeit,
Fleiß und Demut. Im Gegensatz zum Helden ziehen sie allerdings selten selbständig aus, um Abenteuer zu erleben.
Eher geraten sie unverschuldet in eine außergewöhnliche
oder gefahrvolle Situation, die sie oft großartig bestehen. Ich
denke hier beispielsweise an die „Gänsehirtin am Brunnen",
die durch ein Mißverständnis vom Vater verstoßen wird, einer alten Frau im Wald die Gänse hüten muß, so lange (natürlich 3 Jahre), bis ein Königssohn sie befreit. Es gibt aber
auch Heldinnentypen, die List, Klugheit, Mut und Ent-
schlossenheit zeigen und phantasievoll sind im Erfinden von
Auswegen, die entweder zur Befreiung der Brüder, zum Zu-
rückgewinnen des Bräutigams oder zur eigenen Erlösung
verhelfen. Auch hier wieder ist Lebensbewährung das zen-
trale Motiv.

Schwierigkeiten und Erlösung

Liest man Märchen oberflächlich, könnte man meinen, die
Familie sei eine Brutstätte von Neid und Gewalt. Der Heldin
stehen neidische Schwestern gegenüber, es gibt feindliche
Brüder, treulose Schwestern, Verleumdung und Mord. Häu-
figer noch sind die Formen, wie Eltern den Kindern schaden.
Sie liefern den Helden großer Gefahr aus, weil sie schwach

oder ratlos sind oder sich in einer Mangelsituation wie etwa bei Hänsel und Gretel befinden. Die Schädigung kann aber auch schon vor der Geburt stattfinden. Ein übermäßiger Wunsch nach einem Kind hat zur Folge, daß es ein Tier, eine Pflanze, ein Däumling oder gar ein teuflisches Wesen wird. Manchmal verspricht ein Vater, der in Not geraten ist, sein ungeborenes Kind wissend oder unwissend dem Teufel. Kinder können ausgesetzt oder vertrieben, Schwieger- oder Stiefeltern für den Helden gefährlich werden.

Solchen extremen Schädigungen stehen im Märchen die Erlösung und die jenseitige Hilfe gegenüber. Die Schwester erlöst ihre Brüder (Die sieben Raben), die Heldin ihren Bräutigam (Das singende, springende Löweneckerchen). Die sorgende Mutter kehrt aus dem Jenseits zurück, um ihrem bedrängten Kind beizustehen (Aschenputtel). Und wenn wir uns immer wieder fragen: Was ist in all diesen verschlüsselten Bildern Lebenswirklichkeit, so müssen wir feststellen: Sie sind voll davon.

Deutungen

Die ständige Gegenwart der Familie im Märchen, die Verflechtungen und Spannungen, die in ihr herrschen, die Lösung der Helden aus der elterlichen Bindung – haben die Tiefenpsychologie veranlaßt, im Märchen symbolische Abbildungen tatsächlicher Familienprozesse zu sehen:

- Die Märchen zeigen Möglichkeiten von Projektionen: Eigene Ängste, Haßgefühle und vor allem ödipale Konflikte werden in Eltern und Geschwister hineingelegt.
- Die böse Mutter, die Hexe, der dämonische oder grausame Vater sind die dunklen Seiten oder dunklen Träume der wirklichen Eltern. Deren Doppelgesichtigkeit erlaubt es, sie gleichzeitig als böse (Hexe) und gut (tote Mutter) zu erleben.
- Familienmitglieder im Märchen sind archetypische Bilder für innerseelische Zustände.
- Die Schule von C. G. Jung betrachtet Märchen als symbolische Darstellungen von allgemeinmenschlichen Problemen und von möglichen Lösungen dieser Probleme.

(Aus: Enzyklopädie des Märchens, Berlin 1983, Bd. 4, Spalte 819)

5 Interpretationen von Märchen

Wer jetzt noch denkt, das bescheidene Produkt Märchen müsse man einfach liebhaben, in sein Herz nehmen und von dort bereichert weitergeben, der irrt. Ganz massiv hat sich die Wissenschaft darauf gestürzt. Die Volkskunde, die Religionsgeschichte, die Völkerkunde, die Anthropologie, die Literaturwissenschaft, die Psychologie und Symbolforschung, die Pädagogik und die Rechtskunde, die Kulturgeschichte. Sollte ich etwas vergessen haben?

Als Beispiel: Rumpelstilzchen

Die Ethnologie

Lutz Röhrich hat in „Sage und Märchen" anhand von „Rumpelstilzchen" einen großen Teil der Interpretations-Methoden deutlich gemacht. Dort berichtet er von einer alten These der Völkerkundler, die in der Sagen- und Märchenforschung immer wieder vorgetragen wird, daß nämlich die Zwerge Überreste frühzeitlicher Bevölkerungsschichten seien, die in die hintersten Täler gedrängt wurden. Also unterdrückte Ureinwohner, Reste eines ausgestorbenen Volkes. Damit würde auch der versuchte Kindesraub in diesem Märchen erklärt: Die Urbevölkerung wollte damit ihre biologische Erbmasse verbessern und so ihre Überlebenschancen vergrößern. In der Sage sind das die Wechselbalg-Sagen, die es mit einer Fülle von Motiven gibt: Im Kindbett ausgetauschte schöne Menschenkinder gegen solche von überaus häßlichem Aussehen.

Die Kulturgeschichte

Als kulturgeschichtliches Indiz für das Alter des Rumpelstilzchenmärchens will man das Vorkommen des Tretspinnrades werten. Es ist um 1530 erfunden worden und hat den Spinnrocken abgelöst. Also könnte man den Ursprung des Märchens etwa ab dieser Zeit ansetzen. Doch wie andere Forscher wieder feststellen, ist die Schilderung des Spinnvorganges in „Rumpelstilzchen" eine romantische Zutat der Brüder Grimm und hat rein dekorative Funktion. In der Urfassung ist von einem Spinnrad – wie wir sahen – kein Wort zu finden.

Fündiger wird man schon bei der Formulierung „Stroh zu Gold spinnen". Damit kommen wir auf den verhältnismäßig alten Brauch der Eheprobe. Der Bauer, der hier als König auftritt, braucht eine tüchtige Frau. Ihre Tüchtigkeit wird im Spinnen erprobt. Nur die Beste im Spinnen (= Gold!) darf Großbäuerin werden. Ich möchte hier nur daran erinnern, daß das Spinnen als Eheprobe in der ganzen Volksliteratur, auch im Volkslied („Spinn, spinn meine liebe Tochter, ich kauf dir 'nen Mann ...") eine große Rolle spielt.

Literaturgeschichte

Das Märchen „Rumpelstilzchen" war, bevor es im Buch fixiert wurde, nur in einem verhältnismäßig kleinen Gebiet verbreitet. Das läßt darauf schließen, daß es nicht sehr alt sein kann, sonst hätte es eine größere Verbreitung gefunden.

Wissenschaftlich wichtig ist auch der Vorgang des Namenerratens. Aus Volksglauben und Mythologie haben wir genügend Anhaltspunkte über den Namenglauben. Wer den Namen kennt, hat auch Gewalt über den Träger des Namens. Das ist bei Odysseus nachzulesen, bei Siegfried oder Lohengrin. Ob das auch auf Rumpelstilzchen zutrifft? Der Zwerg hat beinahe in jeder Fassung andere Namen: Purzinigele, Winterkölbl, Kruzimugeli, Popemannl. Im Französischen geht das so weiter. Natürlich kommt diese Vielfalt daher, weil es im Märchen darum geht, einen nie gehörten Namen zu finden. Aber es steckt auch ein Spieltrieb der Volksliteratur dahinter, Freude an Lautmalereien und son derbaren Wortbildungen. Da es sich aber um eine Wette zwischen einem dämonischen und einem menschlichen Wesen handelt, ist der Untergang Rumpelstilzchens doch wohl eher auf seine Wut über die verlorene Wette als auf einen Namenszauber zurückzuführen, wie Röhrich meint.

Psychologie

Der Psychiater Wittgenstein deutet das Märchen sexualpsychologisch. Der Müller weiß, so heißt es dort, was Männer von Jungfrauen erwarten. Er kennt das kleine Männchen, mit dessen Hilfe ein Mädchen aus Stroh Gold machen kann, und das sich aus der Frau ein Kind zu holen wünscht. Das kleine Männchen sei das Glied des Mannes. Und so weiter. Der Phantasie seien Grenzen gesetzt.

Pädagogik

In der Pädagogik wird „Rumpelstilzchen" in erster Linie als Reifungsprozeß des Mädchens gesehen. Das Müllermädchen, ohne Mutter, wird vom Vater einer unmöglichen Situation ausgesetzt, die sie überhaupt nicht bewältigen kann. Sie findet wohl übernatürliche Hilfe, aber der Preis dafür ist hoch, nämlich das Kind. Jetzt bewährt sie sich als Mutter und gewinnt.

Psychologische Interpretationen

Die Wissenschaft, die sich zur Zeit am meisten mit dem Märchen befaßt, ist die Psychologie. Zum Glück haben die Volksmärchen ein vitales Leben, sonst würden sie vor lauter Deutungen ausgesaugt wie ein Schwamm. Und doch sollte man einige Beispiele und Autoren kennenlernen. Vieles kann die eigene Sicht bereichern und damit einfließen in das den Kindern erzählte Wort. Natürlich sind Deutungen aller Art möglich, aber keine ist für uns dogmatisch, alle sind als Anregungen aufzufassen, uns selbst ein Bild zu machen, das wir vertreten können.

Märchen und Seele

Märchen enthalten Botschaften in einer Bildersprache, d. h.
in Symbolen. Solange wir uns nicht mit diesen Bildern und
Symbolen einlassen, bleiben die Märchen Abenteuerlitera-
tur. Menschen (Erwachsene und Kinder) mit einer lebendigen Phantasie und einer gut entwickelten Intuition haben
erfahrungsgemäß den besten Zugang zur Bilderwelt der
Märchen. So wie uns in unseren Phantasien oder Tagträu-
men bestimmte Lebensfragen oder persönliche Probleme bewegen, so sind in den Märchen die kollektiven Phantasien
und Träume eines ganzen Volkes oder eines bestimmten
Kulturkreises ausgedrückt. Da wir heute weitgehend ratio-
nal orientiert sind und für die Gefühle wenig Raum bleibt,
wurden auch die Märchen häufig verdrängt. Inzwischen hat
sich das geändert. Wir haben erkannt, daß, wenn unser Leben in der Balance bleiben soll, wir die verschiedenen Orien-
tierungsmöglichkeiten und Erlebnisweisen, wie das Denken
und das Fühlen, die Intuition und das sinnliche Empfinden
miteinander verbinden müssen. Die Märchen können uns
verhelfen, dazu einen Zugang zu finden. Sie enthalten Botschaften für Kinder und Erwachsene, die aus den Tiefen-
schichten der Seele stammen und durch das Erzählen dort
wieder ihre Wirkung entfalten. Auch wir Erwachsene können neben unserem Verstand durch das Märchen wieder unser bildhaftes Denken und unsere Phantasie beleben. Die
Märchen entschlüsseln uns das seelische Erleben und machen uns damit erlebnisfähiger für das reale Leben.

Imaginationsübungen

Um solche inneren Bilder einzuüben, empfiehlt Felicitas
Betz Imaginationsübungen. Alle schließen die Augen und
denken beispielsweise „Süßer Brei".

Wir lösen dieses Bild ab von der Geschichte und warten auf die Bilder, die jetzt kommen. Brei, was sehen wir vor uns? Kinder werden
etwas anderes sehen als Erwachsene, die noch den Hunger erlebt
haben. Dann: Töpfe, was für Töpfe? Vielleicht lassen wir auch einmal die Kinder verschiedene Töpfe mitbringen, lassen sie verglei-

chen, mit ihnen hantieren. Vielleicht läßt sich auch einmal gemeinsam ein Brei darin kochen, Getreidegerichte sind doch wieder hochmodern.

Wenn wir jetzt das Märchen erzählen, werden die Kinder es ganz anders aufnehmen.

Die Symbolforschung

Ein Forschungszweig, der großes Interesse bei Märchenliebhabern gefunden hat, ist die Symbolforschung. Man will wissen, was hinter den Gestalten und Begebenheiten steht.
- Der Wald ist nicht mehr Wald, sondern unübersichtliche, gefahrvolle Welt – ein Bild für Jenseits und Vergangenheit.
- Die zertanzten Schuhe sind ein Bild für das Totenreich, aber auch für das Unbewußte.
- Das Märchen vom Dornröschen bedeutet die Entwicklung der menschlichen Seele, aber auch ihre Gefährdung, Lähmung, Reifung und Erlösung.

Und so weiter. Dem menschlichen Intellekt bleibt nichts verborgen. Walter Scherf sagte einmal dazu: „Was wäre gewonnen, wenn einer den Reichtum des Miterlebens zu intellektuellen Deutungsformeln verkümmern ließe"?

Tiefenpsychologie

Selbstverständlich hat auch die Tiefenpsychologie sich des Märchens angenommen. Das zur Zeit wohl am meisten verbreitete Werk ist die Serie von Eugen Drewermann: Grimms Märchen tiefenpsychologisch gedeutet (Verlag Walter, Olten). Ich habe hier als Beispiel vor mir „Das Mädchen ohne Hände", ohne Zweifel in seiner Grausamkeit ein Märchen für Erwachsene. Der Autor sagt dazu in seinem Vorwort:

Obwohl ursprünglich an Erwachsene gerichtet, sind die Märchen, diese Überreste aus den Kindertagen der Menschheit, dem Verständnis von Kindern eigentümlich verwandt. Ihre Sprache ist die Sprache der Träume, ihre Symbolik fußt in der archetypischen Bilderwelt des Unbewußten, und so bedarf es einer Art kindlichen

Nachträumens, einer neuen Unmittelbarkeit der Einfühlung und des Erlebens, um als Erwachsener die Märchen zu verstehen. Die wissenschaftliche Anleitung dazu bietet die Tiefenpsychologie. ... C. G. Jung fand zu einer Betrachtung zurück, die in den Märchen selbst, wie in den Mythen, aus denen sie stammen, den Niederschlag von Einsichten letztlich religiöser Dimension und Wahrheit erkennt. Dieser Einstellung sind die Interpretationen der Märchen dieser Reihe, wenngleich mit wechselnden Akzenten und natürlich ohne dogmatische Starre, in Bild und Text am meisten verpflichtet.

(S. 5, gekürzt)

Psychologie und kein Ende

Wir wollen das Umfeld des Kindes nicht verlassen und im Rahmen der Familie bleiben. Ihr widmet sich Wittgenstein in „Märchen, Träume, Schicksale" (Verlag Kindler, München). Bruno Bettelheim, von dem wir später noch einiges zu hören bekommen, schreibt dazu im Vorwort:

Die Märchen behandeln in einfachster und direktester Weise die wichtigsten menschlichen Probleme: Die Notwendigkeit der Selbsterkenntnis; die Beziehungen der Eltern zu ihren Kindern, der Kinder zu ihren Eltern und der Eltern und Kinder untereinander; die Schwierigkeiten, die überwunden werden müssen, wenn ein Kind erst zum Jugendlichen und dann zum Erwachsenen heranreift; die sexuellen Probleme, und wie sie gelöst werden müssen, damit der Mensch eine glückliche Ehe haben und seinen Kindern eine gute Mutter oder ein guter Vater sein kann. Versteht er das alles und handelt gemäß diesem Verständnis, dann wird er sein Leben lang glücklich und zufrieden sein, wie es viele Märchen an ihrem Ende verheißen.
Dem Menschen zu helfen, all dies zu erringen, ist die Aufgabe der Psychoanalyse. Die Psychoanalyse hat ihren Ursprung in dem Verstehen der Träume des Menschen. Märchen haben ihren Ursprung in der poetischen Phantasie des Menschen. Graf Wittgenstein zeigt, wie nahe beide, Märchen und Psychoanalyse, verwandt sind. (S. 7)

Themen dieses Buches sind die einzelnen Glieder der Familie, und jedem von ihnen wurden entsprechende Märchen (meist Grimmschen Ursprungs) zugeordnet.

Exkurs: von dem Fischer un syner Fru

berichtet nach Verena Kast: Mann und Frau im Märchen.
Eine psychologische Deutung (Verlag Walter, Olten).

Der Fischer: Erkennen wir in dem Fischer nicht auch ein bißchen
uns selbst oder unsere Männer? Immer wieder sagt der Fischer
seiner Ilsebill, daß er nicht zum Fisch gehen wird, ihn nicht mehr
bitten mag, weil er spürt, daß da etwas faul ist. Das Wetter und das
immer wilder werdende Meer zeigen es ihm ja auch deutlich genug.
Aber er kann der Ilsebill einfach nicht widerstehen, ist zu schwach
dazu. Andererseits hat er dann beim Fisch nichts Eiligeres zu tun,
als seine Frau anzuschwärzen:

> myne Fru, de Ilsebill,
> will nich so, as ik wol will.

Ist das nicht ein häufig zu beobachtendes Verhalten in der Partnerschaft? Der Fischer spricht wohl alles Aggressionsgehemmte in
uns an, den fehlenden Mut, eine Situation beim Namen zu nennen.
Hier wird Schuld ausgeteilt, statt die Situation zu verändern. Sün-
denbock ist dabei immer der Partner. Ganz heimlich aber freut sich
gleichzeitig der Fischer über die Wünsche seiner Frau, und vor allem über ihre Errungenschaften.

> „Ach ja", säd de Mann, „so schall't ook blywen ..."

Ilsebill: Spricht uns auch in der Ilsebill etwas an? Sie hat einen ver-
meintlich so leicht zufriedenstellenden Partner, da drängt es sie
nach Veränderung. Nachdem sich herausgestellt hat, daß das
Wünschen hilft, gerät Ilsebill in einen Rausch des Wünschens, in
eine immer größer werdende Gier nach mehr, mehr, mehr. Und das
Schlimmste dabei ist, daß sie überhaupt nicht mehr genießen kann,
was erreicht ist. Man muß die beiden zusammensehen in ihrer Po-
larität: Der Fischer verkörpert die Passivität, die Wunschlosigkeit.
Er möchte, daß alles beim alten bleibt. Ihn bringt eigentlich nichts
aus der Ruhe, nicht einmal ein Fisch, der reden kann. Und demge-
genüber die maßlose Ilsebill mit ihrer Gier, ihrer Vermessenheit, die
auch wieder etwas Großartiges an sich hat. Man denke nur, wie sie
es wagt, als Frau die ganze männliche Würdenleiter hochzuklet-
tern, Papst zu werden und gleichzeitig mit dem Fischer dann zu
Bett zu gehen. Das sind Grundprobleme in Partnerbeziehungen,
wobei jeder von uns beides in sich hat: den Fischer und die Ilsebill.

Ein frauenfeindliches Märchen? Viele verleitet dieses Märchen, auf Frauen mit dem Finger zu zeigen: So seid ihr. Aber das will das Märchen gar nicht sagen. Von der Forschung sind eine ganze Reihe Varianten dieses Märchens zusammengetragen worden. Gar nicht immer ist die Frau die Maßlose, oft ist es der Mann. Die Rollen scheinen austauschbar. So ist es etwa in der Heidelberger Fassung des Märchens „Hanns Dudeldee" dieser selbst, der seine Wünsche ausdenkt. Zuerst ein Lustschloß, dann Kleider, Geld, Graf-Sein, König-Sein usw. Zwar hilft seine Frau bei dem Wünschen durch ihre ewige Unzufriedenheit mit, aber wünschen tun beide. In einer weiteren von Grimm notierten Fassung stimmt der Mann letztlich auch kräftig in die Wünsche seiner Frau ein, wenn er wünscht: „Nun möchte ich der liebe Herrgott sein und mein Frauchen Mutter Gottes". Steckt nicht letztlich das Modell von Adam und Eva hinter den beiden?

Über das Wünschen: Das Wünschen ist ein zentrales Motiv im Märchen. Gerade das macht ja einen großen Teil seiner Faszination aus, daß man wünschen kann und Wünsche erfüllt bekommt, auch solche, die normalerweise nicht so leicht zu erfüllen sind. Auch in unserem Märchen ist das Faszinierende wieder das Wünschen – dieses hemmungslose Wünschen und dieses Erfüllen der Wünsche, als wäre der Fisch eine alles spendende Mutter, Verwalter des Schlaraffenlandes. Eigentlich ist es nur das Kind in uns, das noch so etwas glauben kann und sich daran freut. Wir selbst sind ja Rationalisten und wissen nur zu gut, daß alles seinen Preis hat.

Dabei ist das Wünschen so wichtig. In Wünschen erschaffen wir uns eine Hoffnung und erhalten sie uns. Im Wünschen drückt sich aus, daß wir an die Veränderbarkeit von Situationen glauben. Denn wenn wir keine Wünsche mehr haben, dann haben wir resigniert, aufgegeben. Doch es gehört zum Erwachsenen in uns, diesen Wünschen auch kritisch gegenüberzustehen, das Mögliche vom Unmöglichen zu unterscheiden. Und noch etwas ist im Wünschen verborgen: Die ganz tiefe Hoffnung, daß etwas Unvorhergesehenes sich ereignen könne. Daß Veränderung möglich ist, nicht vorhergeplant, nicht verdient.

In unserem Märchen fängt es mit dem Wünschen eigentlich ganz bescheiden an: Die Frau will nur eine kleine Hütte haben. Es geht ihr um eine bescheidene Ausweitung ihres Lebensraumes, um Aufhebung der Starre und Eingeengtheit des Pißpotts. Eine sterile Situation, die die Situation des Paares nur widerspiegelt: Sie haben keine Kinder. Ilsebill will heraus aus dieser Enge und Sterilität. Aber schon hier wird sichtbar, daß der Fischer nicht gerne jemanden um einen Gefallen bittet, auch nicht einen Fisch, dem er ja schließlich einen Gefallen getan hat. Er mag keine Ansprüche stellen. Er kann nicht zupacken, und so wird er das Opfer des Zupackens seiner Frau. Halbherzig geht er immer wieder zur See. Er kann sich nicht abgrenzen von seiner Ilsebill, er kann sich aber auch nicht mit ihr solidarisieren.

Der Butt als innere Instanz des Fischers: Frau Kast sieht den Butt als innere Instanz des Fischers. Wobei ganz klar ist, daß der Fischer Angst hat vor einer Strafe. Deshalb wagt er auch nicht, sich etwas zu wünschen – dafür wünscht kompensierend Ilsebill überhaupt alles, was man sich nur wünschen kann. Wunschlosigkeit – sagt die Psychotherapeutin – verbunden mit dem großen Wunsch, nicht zu mißfallen, und allergrößte Ansprüche sind entweder in einer Partnerschaft auf beide aufgeteilt – wären also ein Problem, das beide bearbeiten müßten – oder aber, wenn wir das Märchen symbolisch sehen wollen: Im Fischer selber klaffen diese beiden Seiten auseinander. Oder noch symbolischer: Der Erzähler des Märchens spürt diese beiden Seiten in sich.

Die Pißpottpsychologie: Das Gefangensein in ihrer Gier ohne Genießen des Erreichten hat für Ilsebill die gleiche Enge und Sterilität wie der Pißpott, dem sie doch entkommen wollte. Der Fischer sieht unterdes das Unheil heraufziehen. Es kündet sich an in der Veränderung des Meeres.

> Un as he an de See köhm, do wöör de See ganß
> swart-grau, un dat Water geerd so von ünnen up
> un stünk ook ganß fuul.

Aber sagen tut er seiner Frau davon nichts. Nur daß der Fisch nicht machen könne, was sie verlangt. Er sagt ihr nicht, daß es ihm nicht richtig erscheint. Er denkt es bloß. Gleichzeitig scheint er sich in ihrem Glanz zu sonnen:

> Ach, Fru, büst du nu König?
> Ach, Fru, wat lett dat schöön,
> wenn du König büst!

Hofft er dadurch, daß er seine Frau zufrieden macht und den Absturz aufhalten kann? Will er mit seiner Bemerkung erreichen, daß sie das auch genießt? Oder nimmt er Anteil an ihrer Macht, identifiziert er sich mit ihr?

Warum diese Gier? Die Situation des Paares zu Beginn des Märchens ist armselig, eingeengt, leer. Im Fisch zeigt sich eine Belebung der Situation an, die Wünsche an ihn könnten die ganze Ehesituation erneuern, wobei leider die richtige Frage nicht gestellt wird (wie es sich für ein Märchen gehört): Wie kann dieser Fisch erlöst werden. Ganz sicher würde dadurch auch das Leben reicher werden. Statt dessen werden Wünsche des Habenwollens, der Macht geäußert. Die Gier erscheint deshalb so groß, weil sie sich absetzen muß von der Angst vor der Leere des Pißpotts, vor dieser depressiven Situation. Anstatt das Angebot des Neuen und Produktiven wahrzunehmen, das sich im Auftauchen des Fisches aus der Tiefe darstellt, muß das Selbstgefühl durch Besitztümer und Position aufgebaut werden. Um Partnerschaft im eigentlichen Sinn geht es dabei nicht. Der Fischer wird benutzt, er soll dafür sorgen, daß der Ilsebill die Wünsche erfüllt werden. Und doch ist es nicht nur das Problem der Ilsebill, es ist das Zusammenspiel der beiden, das so unheilvoll ist. Der Fischer hilft nämlich mit, indem er sein schlechtes Gefühl nie formuliert, immer nur auf seinem Wunsch nach Unveränderlichkeit beharrt. Und je mehr er darauf beharrt, um so mehr deligiert Ilsebill ihre Wünsche an den Mann.

Verwechseln von Haben und Erleben: Verena Kast findet dieses Märchen typisch für unsere Zeit. Sie sagt: Auch für uns gilt, daß wir unsere Errungenschaften schlecht genießen können, weil wir ständig nach neuem, eben nach mehr hetzen. Auch wir – so sagt sie – verwechseln manchmal „Haben" und „Erleben", und je unbefriedigter uns das „Haben" läßt, um so mehr müssen wir davon haben, um hoffentlich den Genuß zu „erleben", den wir ersehnen. Es scheint ihr wichtig, den Fischer und die Ilsebill auch in uns zu sehen. Als Seite, die resigniert, die schon gar nicht mehr wünschen will, und als jene andere Seite, die dann überkompensierend in größter Maßlosigkeit auch jene Wünsche realisiert haben will, die nicht mehr menschenmöglich sind. Diese beiden Seiten – im einzelnen Menschen oder in der Partnerschaft verkörpert – müßten dann miteinander in Beziehung treten, und so könnte es möglich werden, sich aus diesem Muster, das Macht anstelle von schöpferischer, produktiver Beziehung setzt, herauszuentwickeln. Und dann müßte die Geschichte nicht wieder im Pißpott enden.

Ja, so kann man ein Märchen psychologisch interpretieren und dabei Hilfe finden für die Lebensbewältigung. Übrigens nicht nur für unsere eigene. Kinder beobachten ihre Eltern mit wachen Augen.

Das Märchen und die Pädagogik

„Kinder brauchen Märchen"

Von Pädagogik ist bis zu diesem Punkt schon weit häufiger die Rede gewesen, als es uns wahrscheinlich bewußt geworden ist. Aber ist die Pädagogik nicht unser Hauptanliegen, warum dieses Buch überhaupt geschrieben wurde und gelesen werden soll? Nun endlich haben wir dieses Thema unbemäntelt vor uns. Und da greift meine Hand unwillkürlich nach einem bestimmten Buch. Ich erinnere mich noch, wie es vor noch nicht 10 Jahren wie eine Bombe in die pädagogische Landschaft schlug. Man war gerade mal wieder gegen Märchen (nur die Erzieherinnen aus der Praxis, die waren das nie), das Kriterium der Grausamkeit kursierte und überhaupt: „Böses kommt aus Kinderbüchern." Da hinein also platzte das Buch von Bruno Bettelheim: Kinder brauchen Märchen.

Dieser Kinderpsychologe aus den Staaten weist sehr ansprechend und überzeugend darauf hin, wie notwendig das Volksmärchen für die Entwicklung des Kindes ist. Gerade die Märchen würden dem Kind eine Möglichkeit geben, seine inneren Konflikte, die es zum Teil unbewußt erlebt, intuitiv zu erfassen und in der Phantasie auszuleben und damit zu lösen. Das Märchen sei der Zauberspiegel, der die innere Welt des Kindes widerspiegelt: Seine Ängste, Wünsche und Phantasien, und es zeige zugleich auf, welche Entwicklungsschritte zu seiner Reifung notwendig sind. Die meisten Kinderbücher würden dem Kind verschweigen, daß viele Schwierigkeiten im Leben ihre Ursache in der menschlichen Natur haben. Statt dessen täten sie so, als wären alle Menschen von Natur aus gut – was nicht stimmt. Da die Kinder aber deutlich genug spürten, daß dies zumindest bei ihnen selbst nicht so ist, fühlten sie sich oft mit ihren schlimmsten Ängsten allein gelassen: Mit ihren zornigen, chaotischen oder sogar gewalttätigen Phantasien, mit der Angst vor der Sexualität, der Angst nutzlos, verlassen und ausgestoßen zu sein, wie auch mit ihrem grenzenlosen Bedürfnis, geliebt zu werden. Die alten Volksmärchen würden diese Konflikte ernst nehmen und vor allem: ihnen Gestalt geben.

Die Kraft der Verzauberung

Das waren neue Töne in der deutschen kinderliterarischen Landschaft. Die Märchen sind so wichtig – so Bettelheim – da durch Identifikationsangebote heilende Kräfte freigelegt werden. Daß Märchen unserer modernen Gesellschaft nichts mehr zu bieten hätten, das stimmt einfach nicht. Natürlich wurden sie erfunden, ehe diese entstand. Aber über die inneren Probleme des Menschen und die richtigen Lösungen für Schwierigkeiten in jeder Gesellschaft erfährt man genug. Das Märchen ist auf die Zukunft gerichtet und leitet das Kind bewußt oder unbewußt dazu an, seine infantilen Abhängigkeitswünsche zu überwinden und ein befriedigenderes, unabhängiges Leben zu erringen. Da die Kinder heute nicht mehr in der Sicherheit einer Großfamilie aufwachsen, ist es noch wichtiger als früher, das Kind mit Helden zu konfrontieren, die allein in die Welt hinausziehen müssen. Die Helden sind dort ganz auf sich gestellt, genau wie sich auch das heutige Kind oft isoliert fühlt. Einen wichtigen Beitrag leistet nach Bettelheim das Märchen zur moralischen Erziehung des Kindes. Gut und Böse werden klar unterschieden, und auch religiöse (im erweiterten Sinn) Inhalte nehmen einen breiten Raum ein.

Das vorliegende Buch wurde geschrieben, um Erwachsenen und besonders denjenigen, die mit Kindern umgehen, zu helfen, sich der Bedeutung der Märchen klarer bewußt zu werden ... Märchen besitzen wie alle echten Kunstwerke einen vielschichtigen Reichtum und eine Tiefe, die sich auch bei der gründlichsten Untersuchung nicht ausschöpfen läßt. (S. 23)

Bettelheim teilt sein Werk in zwei große Teile ein. Im ersten geht es um Einzelprobleme, die anhand eines Märchens oder Märchenmotivs aufgezeigt werden. Der zweite bringt Interpretationen einzelner Märchen.

Pädagogische Funktionen

In eine Tabelle gebracht, wollen wir versuchen, den Überblick über die wichtigsten Funktionen des Volksmärchens zu erleichtern.

● Verhaltensmodelle

> Beispiel: Geschwisterliebe (Die sieben Raben)
> bräutliche Liebe (Jorinde und Joringel)

● Ablösungsprozesse

> Beispiel: Der Held, die Heldin brechen von zu Hause auf, um sich zu bewähren (Die drei Federn, Das Mädchen ohne Hände)

● Lebensbewältigung allgemein

> Zentrales Motiv. In fast allen Märchen zu finden.

● Emanzipation

> Beispiel: Der Held macht sich auf, ein Leben zu retten (Das Wasser des Lebens) Die Braut geht der menschlichen Gestalt ihres Tierbräutigams verlustig und gewinnt ihn unter großen Opfern wieder (Das singende springende Löweneckerchen)

● Identitätsfindung

> Beispiel: Die Dummlingsmärchen, Jüngstenmärchen (Der arme Müllerbursch und das Kätzchen)

● Soziales Verhalten

> Beispiel: Die dankbaren Tiere (Die zwei Brüder)

● Reifungsvorgänge

> Beispiel: Das Märchen zeigt die Reifung von Held oder Heldin in geistigen Bildern (Der Froschkönig)

Schon die Brüder Grimm verstanden ihre Kinder- und Hausmärchen als ein Erziehungsbuch. Nachfolgend noch drei pädagogische Funktionen, die ausführlicherer Erläuterung bedürfen und praktisch auf alle Märchen zutreffen:

- Phantasieförderung: Es gibt die magisch-irreale Phantasie, die besonders deutlich wird im Märchenerleben. Sie sollte aber zeitlich begrenzt bleiben. In ihr werden die Geisteskräfte entfaltet, die sich später vom Wunderbaren auf die Wirklichkeit richten. Dann gibt es noch die an der Wirklichkeit orientierte oder konkrete Phantasie, die der Gestaltung und Veränderung der realen Welt dient. Es lohnt sich also in jedem Fall, die Phantasie im Kind in jeder Weise zu fördern und zu kultivieren. Für die Zukunft des Kindes ist in beiden Fällen von großer Wichtigkeit, wie das Kind sein Phantasieren-Können gebraucht. Ob als Flucht aus der Wirklichkeit oder zur Bewältigung konkreter Lebensprobleme.

- Problembewältigung: Wenn der Märchenheld in eine ausweglose Situation gerät, die er aus eigener Kraft nicht bewältigen kann, treten Wesen oder Dinge in menschlicher Funktion auf, um ihm zu helfen. Allerdings nur dem guten Helden, dem bösen nicht. Das können Zwerge sein, alte Frauen und Männer, Tiere und Pflanzen, drei Blutstropfen oder ein Pferdekopf. Häufig sind es auch Zauberformeln („Tischlein deck dich ...", „Bäumchen rüttel dich ..."). Es können aber auch Dinge, Stäbe oder Schlüssel sein, bei deren Berührung sich Gegenstände öffnen oder verwandeln. Diese Helfergestalten der Märchen sind Beschützer des Guten und Hüter der heilen Welt. Sie verfügen über Kräfte, die denen des Helden überlegen sind und stehen ihm bei der Bewältigung seiner Aufgabe zur Seite. Ihre Macht ist nie Selbstzweck, sie entwickeln keine eigenen Bedürfnisse, sondern stellen ihre wunderbaren Fähigkeiten in den Dienst des Helden und fördern dadurch das Gute. Die Kinder lernen daran, Hilfen zu entdecken und dargebotene Hilfen zu ergreifen.

● Vorbilder: Zu den wichtigsten Aufgaben der Kinderliteratur gehört es, dem Kind Vorbilder für die Bewältigung des Lebens zu bieten. Im Volksmärchen ist dies der Held. Er hat vor allem soziale Eigenschaften und Handlungsweisen, die Belohnung finden: Mitleid, Hilfsbereitschaft, Gutmütigkeit, Dankbarkeit und Selbstaufopferung. Aufgrund dieser Eigenschaften gewinnt der Held auch Helfer. Über Vorbilder wie den guten Märchenhelden entdeckt das Kind seine eigene Innenwelt.

Märchen als Kinderliteratur

Wir haben schon darüber gesprochen, wie die Volksmärchen vom Erwachsenen-Erzählstoff zur Kinderliteratur wurden, woran die Brüder Grimm ihren wesentlichen Anteil haben. Damit aber tun sich verschiedene Fragen, Probleme und Feststellungen auf.

Durch wen soll das Kind Märchen kennenlernen?

Nicht durch Funk oder Fernsehen, und auch nur mit größtem Vorbehalt durch die Schallplatte. Jedenfalls nicht zum erstenmal, das repitierende Hören kann wieder unter anderen Gesetzen stehen. Auch ist eine gegen Honorar bestellte Märchentante kaum für das Kleinkind geeignet, auch nicht, wenn sie sich als Großmütterchen oder neuerdings als Fee kostümiert hat. Das Kind braucht eine geborgene Atmosphäre und menschliche Nähe, wenn es zuhören soll. Also die Familie, den Kindergarten oder auch noch seine Schulklasse. Jedenfalls braucht es Geborgenheit, gerade bei den gefährlichen Begegnungen im Märchen. Walter Scherf sagt:

Das Kind erfährt, daß zwar der Held durch seine Leiden und Abenteuer und das Kind, wenn es sich mit ihm identifiziert, isoliert, ja ausgetrieben werden kann, doch das Tröstliche bleibt: Der Held im Bereich des Märchens und das Kind im Bereich der Mutter kann nicht verlorengehen.

In dieser Geborgenheit können die seelischen Kräfte des
Kindes in mancherlei Ängsten reifen. Schon das Miterleben
stellt eine solche Reifung dar. Das Kind kann das nur bewältigen, wenn es Rückendeckung spürt. Oft steht sogar die Begegnung mit dem Erzähler eher im Vordergrund als das
Märchen selbst.

Die Botschaften des Märchens an das Kind

Am Schluß von Michael Ende „Die unendliche Geschichte"
heißt es:

Es gibt Menschen, die können nicht nach Phantásien kommen, und
es gibt Menschen, die können es, aber sie bleiben für immer dort.
Und dann gibt es noch einige, die gehen nach Phantásien und keh-
ren wieder zurück. So wie du. Und die machen beide Welten gesund.

Das ist die Botschaft dieser Geschichte. Sie ist leicht zu verstehen: Nicht in der Phantasie versinken, das ist Flucht.
Nein, sie dem realen Leben nutzbar machen. Ähnliches gilt
von den Märchen. Auch Märchen habe eine Botschaft, die
sich hinter ihrem spannenden Inhalt versteckt. Sie drücken
sie in Bildern aus und teilen durch sie uralte Wahrheiten und
menschliche Erfahrungen mit. Da ihre Botschaften jeweils so
vielseitig sind, kann genau diejenige Wurzel schlagen, die
das im Augenblick individuell drängende Problem des Kindes trifft. So wie etwa ein Fünfjähriger, der in seiner Umwelt
schon recht gut orientiert ist, bereits Verständnis hat für
Scherz und Ernst, Übertreibungen, Schelmereien und Un-
sinn – und ihm doch noch Wünsche offen bleiben, die in der
realen Welt nicht befriedigt werden können: groß und stark,
anerkannt und geachtet zu sein. Für ihn hat das Märchen per
Identifikation entsprechende Botschaften bereit, die es ihm
in gleichnishafter und symbolischer Darstellung anbietet.
Daß dies alles so mühelos übertragbar ist, dafür sorgt die
Flächenhaftigkeit des Märchens, die das lesende oder hörende Kind gleichzeitig vor emotionaler Überforderung
schützt. Seine geistigen Kräfte sind in Gang gesetzt, um das
eigene Problem im Märchen zu erkennen.

Das Märchen in der Früherziehung

Das Kleinkind hat noch nicht den eingeengten Wirklich-
keitsbegriff wie wir Erwachsenen. Es denkt noch eindimensional und bildhaft, hat noch Anteil am Weltsinn. Märchen
erlebt es in unmittelbarer Gegenwärtigkeit, sie treiben sein
Bewußtsein voran. Aber die Märchen sollten frei, in ständi-
gem Kontakt mit dem Kind, erzählt werden. Solange die
Mutter erzählt, kann sie bestimmen, was sie dem Kind erzählt und was sie ihm zumuten kann. Vor allem muß sie In-
stinkt genug besitzen, zu unterscheiden, was in der Märchenwelt Geschichten für Erwachsene und was Kindergeschichten sind. Innerhalb des Textes sollten keine Änderun-
gen vorgenommen werden. Der immer und immer wieder
vertraut zu hörende Text ist wie ein Geländer, an dem das
Kleinkind sich festhält.

Die Denkhaltung, die im Märchen überwiegt, ist auch
kennzeichnend für das Kleinkind. Es gelten keine Naturge-
setzlichkeiten, und die Handlung der Märchenwelt wird
weitgehend von den Antrieben und Wünschen des Helden
bestimmt. Rotkäppchen kommt gesund und munter aus dem
Bauch des Wolfes und die sieben Geißlein auch. Also ist auch
die biologische Gesetzlichkeit aufgehoben, so, wie das Kind
es auch tun würde. Das Kind denkt sich die Zusammenhänge
der Welt, wie sie ihm passen, und es erlebt sie um so überzeu-
gender, je eindrucksvoller sie mit seinen eigenen Wünschen
und Bedürfnissen übereinstimmen.

Daher sind auch die ersten Märchen, die von Kindern verstanden werden, solche, deren Handlung möglichst viel Ähn-
lichkeit mit dem persönlichen Erleben des Kindes aufweist.
So liegen „Rotkäppchen", „Hänsel und Gretel" oder „Der
Wolf und die sieben Geißlein" durchaus im Bereich kindlicher Erlebnismöglichkeiten. Wichtig ist auch ein großer
Spannungsbogen, der die gesamte Handlung umfaßt, damit
die Aufmerksamkeit des Kindes nicht an den einzelnen Episoden hängenbleibt. Dabei kann es durchaus geschehen, daß
die Spannungsmomente der Geschichte sich überhaupt nicht
decken mit dem, was das Kind als spannend empfindet.
Auch in diesem frühen Alter aber sollten wir uns darüber

schon Gedanken machen, ob wir junge Menschen in diesem
Rollenverständnis großziehen wollen, das uns vor allem die
Brüder Grimm in ihrer biedermeierlichen Art hinterlassen
haben: angepaßte und demütige Kinder. Aber ehe wir das
pauschal abwerten, sollten wir uns erst einmal umsehen, ob
tatsächlich alle Märchengestalten so beschaffen sind, und
siehe da: Es gibt Helden, die überaus mutig, eine Gretel oder
eine kluge Bauerntochter, die durchaus selbständig sind. Wir
würden schließlich doch fündig auf der Suche nach solchen
Gestalten.

Das rezipierende Kind

Erzieher dürfen das nie vergessen: Für sie sind alle Märchen-
wissenschaften Hilfswissenschaften. Im Vordergrund steht
das Kind als Zuhörer, als Rezipient. Nicht unsere stimmliche
Begabung, unsere Gedächtnisleistung ist entscheidend. Immer wieder geht es um das rezipierende Kind. Therapieren
ist allerdings nicht Aufgabe des Kindergartens. Dafür gibt es
eigens geschulte Kräfte.
  Die Wirkung des Märchens hängt ganz stark davon ab,
welche Beziehung das Kind zum Erzähler, beide wiederum
zum Märchen haben. Auch – so Grömminger in: Märchen –
Erziehungshilfe oder Gefahr (Verlag Herder Freiburg) –
hängt die Wirkung davon ab, ob Erzähler und Kind zur Situation des Märchenerzählens positiv, negativ oder neutral
eingestellt sind. Es gibt also einen starken Abhängigkeitspro-
zeß zwischen dem Erzähler, dem Kind und dem Märchenin-
halt. Erst, wenn das alles gelingt, kann das Märchenerzählen
wirkungsvoll und zu einem zwischenmenschlichen Erlebnis
werden.
  Bettelheim wendet sich in seinem Buch der Frage zu, ob
Märchen lieber vorzulesen oder zu erzählen seien. Er selbst
gibt dem Erzählen uneingeschränkt den Vorzug. „Erzählen
ist besser als Vorlesen, weil es Flexibilität erlaubt." Der Autor weist auch auf eine Fähigkeit des Kindes hin, die Geschichten abzuwandeln, sie anders als in der ursprünglichen
Version im Gedächtnis zu behalten, oder Einzelheiten hin-
zuzufügen. Solche eigenmächtigen Veränderungen durch

das Kind weisen häufig auf Fragen oder Probleme hin, die
das Kind im Augenblick beschäftigen oder bedrücken und
zeigen gleichzeitig die diagnostischen und therapeutischen
Möglichkeiten des Märchens auf.

Und was geschieht nun zwischen dem Kind und dem Märchen? Das Äußere steht dem Kind für das Innere. Mit vorei-
ligen Symboldeutungen ist man besser vorsichtig. Das Kind
möchte sich viel lieber ganz unverzweckt versenken. Auf der
Suche nach Lieblingsthemen allerdings landet man häufig –
bitte nicht erschrecken! – bei einer Mischung von Komik und
Grausen.

Die Bilder des Märchens

Kinder haben ein ganz ursprüngliches Verhältnis zu der Bilderwelt der Märchen. Zum Verständnis der ersten einfachen
Geschichten sollten sie allerdings bereits über einen gewissen
Bestand an inneren Bildern verfügen. Die Anzahl solcher in-
nerer Bilder wächst mit der Erweiterung der kindlichen Umwelt. Das Märchen muß vorerst die individuellen Vorstellungen des Kindes ansprechen, um es zu erreichen. Erst mit
fortschreitender Phantasieentwicklung kann das Kind weiter
ausgreifen und der speziellen Phantasie eines Autors folgen.

Max Lüthi widmet dem Thema der Bilder des Märchens
ein ganzes Kapitel seines Büchleins „So leben sie noch heute"
(Vandenhoeck & Ruprecht, Göttingen). Er spricht von
steuernden Bildern, die allemal schön und strahlend sind und
Leitfunktionen haben, und wie ein Versprechen sind, daß nie
und nimmer Böses geschehen kann. Aber das Märchen zeigt
auch die Gefährdung höchster Werte in Bildern etwa des
kranken Königs, dem nur noch das Wasser des Lebens helfen kann, oder in Drachentötermärchen. Diese Bilder sagen:
Das Schöne, Edle, ist nicht zufällig, sondern seinem Wesen
nach bedroht. Das Gegnerische braucht jedoch nicht unbedingt vernichtet werden. Es kann auch verwandelt werden.
Wenn man sich richtig verhält, werden Gegner zu Helfern –
auch diese Weisheit ist in den Märchen zu finden. Wir sprachen schon von den Zwei-Brüder-Märchen, wo die Tiere
schließlich halfen, nur weil die Brüder sie verschont hatten.

In einem anderen Märchen bittet ein Wolf den Helden, er solle ihm, statt ihn zu jagen, einen schmerzenden Dorn aus der Pfote ziehen. Und wie der Wolf sich erkenntlich zeigt! Doppelgesichtig ist das schreckliche Tier, das sich in den Tierbräutigam-Märchen als herrlicher Prinz entpuppt. Oder umgekehrt die schöne Rätselprinzessin, die in Wirklichkeit unerbittlich und gefährlich ist wie die im „Meerhäschen". Doppelgesichtig ist auch der Wald, in dem man sich verirren, aber auch bergen kann (Die drei Männlein im Walde). Auch Schlösser sind Orte des Glanzes und der Gefährdung. Die Bilder des Märchens – so Lüthi weiter – sind Nahrung der Seele, vor allem der kindlichen. Sie heben die Dinge aus der unübersichtlichen Wirklichkeit herauf und machen sie sichtbar.

Auch Felicitas Betz mißt den Bildern der Märchen eine fundamentale Bedeutung zu. Wir sprachen schon von ihren Imaginationsübungen für Erwachsene, denen die Bilder nicht mehr ursprünglich gegenwärtig sind. Sie dienen zur Vorarbeit des Erziehers beim Märchenerzählen. Frau Betz empfiehlt, sich dabei die wichtigsten Bilder des jeweiligen Märchens herauszusuchen und auf sich wirken zu lassen, etwa Wald, Brunnen, Tür. Man müsse sich einmal einlassen – meint sie – auf diese Bilder des Märchens, sie quasi meditieren. Es sei erstaunlich wohltuend, wie das die Gefühls- und Erlebniskräfte anregt und viel abstrakt-vertrocknetes Denken wieder frisch und lebendig macht. Wenn man das eine Zeitlang geübt habe, werde man Lust bekommen, auch in den Kindern diese Bilder zu beleben – soweit das nötig ist.

Märchen erzählen

Wir haben nun so gründliche Vorarbeit geleistet, daß wir jetzt über das Märchenerzählen sprechen können. Was gibt es dabei zu beachten? Wie geht es vor sich? Wie klingt es aus?

Der Führung des Kindes folgen

Zuerst einmal zum Alter des Kindes. Wir können nur in groben Zügen sagen, welche Märchenart für welches Alter am

geeignetsten ist und werden das auch am Ende dieses Buches
zu tun versuchen. Aber eigentlich kann der Erzieher nicht
wissen, in welchem Alter ein bestimmtes Märchen für ein bestimmtes Kind am wichtigsten ist. Bettelheim geht in seinem
Buch auch auf die Frage des Märchenerzählens ein und sagt,
daß nur das Kind selbst dies entscheiden kann. Auch in der
Gruppe wird es immer ein paar Kinder geben, die erkennen
lassen, daß eine bestimmte Geschichte für sie wichtig geworden ist. Andere zeigen durch Teilnahmslosigkeit oder Stören, daß die Geschichte sie nicht berührt, d. h., daß seine
Themen in diesem Augenblick ihres Lebens sie nicht betref-
fen. So werden eben ein andermal andere Märchen erzählt.
Hat man es getroffen, merkt man es daran, daß die Kinder
immer und immer wieder nach demselben Märchen verlangen. Es ist also beim Märchenerzählen immer am besten, der
Führung des Kindes zu folgen.

Ein begabter oder geübter Erzieher hat nun durch solche
Reaktionen eine ganze Menge über das Kind erfahren. Das
sollte er für sich behalten. Denn es ist dem Kind unbewußt
und muß es vorerst bleiben. Auch sollte man einem Kind
nicht erklären, warum ein bestimmtes Märchen es so sehr
fesselt. Damit zerstört man den Zauber der Geschichte, der
genau darauf beruht, daß das Kind es selbst nicht weiß, woher er kommt. Und mit dem Verlust des Verzauberungsver-
mögens verringert sich auch die Fähigkeit des Märchens,
dem Kind zu helfen. Sinn und Sicherheit im Leben finden
wir ja nur, wenn wir unsere persönlichen Probleme selbständig erfaßt und gelöst haben und nicht, wenn sie uns durch
andere erläutert wurden.

Erzählen

Märchen sind ursprünglich Erzählliteratur. Muß das bedeuten, daß wir sie um jeden Preis erzählen müssen, auch wenn
wir es noch gar nicht können? Nein, aber man sollte es versuchen zu lernen. Geht es doch um den innigen Kontakt mit
dem zuhörenden Kind, das uns Signale gibt, wie wir zu erzählen haben. Das ist besonders im Kindergarten wichtig,
wo viele Kinder dem Märchen oft zum erstenmal begegnen.

Da wäre natürlich eine Kleingruppe ideal, wo die Kinder ihre Gemütsbewegungen leichter äußern und man darauf eingehen kann. Beim Erzählen ist der Trost, der symbolische Sinn und die zwischenmenschliche Bedeutung der Märchen natürlich viel besser auszuschöpfen. Ja, es sollte ein zwischenmenschliches Ereignis werden für den Erwachsenen und das Kind. Bettelheim macht an einer Stelle darauf aufmerksam, daß auch manchmal Erzieher ihre eigenen Nöte und Probleme beim Erzählen in ein Märchen einfließen lassen. Aber das sei gar nicht so schlimm, meint er. Auf diese Weise versteht auch das Kind besser, was den Erzählenden bewegt. Das sind oft die berühmten „Versprecher", ausgedrückt durch unbewußte Veränderungen eines Märchens, die unbewußte Konflikte zutage fördern.

Auf keinen Fall aber soll ein Märchen aus didaktischen Absichten erzählt werden. Zweck des Märchens soll einzig und allein das gemeinsame Erlebnis der Freude an der Geschichte sein: Das Kind freut sich am Phantastischen, der Erwachsene hat sein Vergnügen an der Freude des Kindes. Wird ein Märchen zu einem anderen Zweck erzählt als der Freude des Kindes und der Erweiterung seiner Erfahrung, so bleibt von dem herrlichen Gebilde Märchen nichts übrig als eine moralische Erzählung.

Wichtig ist, daß man einigermaßen die Reife der Kinder auf die Botschaft der erzählten Märchen abstimmen kann. Das setzt allerdings voraus, daß der Erzähler selbst diese Botschaft verstanden hat. Die fließt in sein Erzählen ein, und nur so kann er sie vermitteln.

Vorlesen

Das ist alles gut und recht, aber wir gingen davon aus, daß nicht jeder Erzieher auf Anhieb gleich Märchen erzählen kann. Auch gut. So soll er lieber lesen. Daß der Kontakt mit dem Zuhörer dabei erschwert wird, ist klar. Doch auch Vorlesen will gelernt sein. Als Forderung bleibt: Hörerkontakt! Wie das bewerkstelligen? Auch ein vorzulesender Text sollte vorbereitet sein, daß man die „Tonart" kennt (ist dies ein trauriges, ein fröhliches Märchen?), und darüber hinaus sollte der Text soweit im Gedächtnis haften, daß man mit einem Blick eine bestimmte Textgruppe erfassen kann (bei einiger Übung lassen sich diese Gruppen mit der Zeit erweitern) und sie dann auswendig spricht mit Blickkontakt zu den Kindern. So wächst man in das Erzählen hinein. Daß derselbe Text von den Kindern sowieso häufig gewünscht wird, erleichtert den Prozeß des Auswendiglernens. Sind Kinder dabei, die keine Lust haben am Zuhören, sollten sie nicht dazu gezwungen werden. Sie können sich anderweitig beschäftigen, etwa mit einem Bilderbuch. Irgendwann einmal kommen auch sie dazu. Das wirft die wichtige Frage von Märchenbilderbüchern auf.

Das Märchenbilderbuch

Bei dieser Frage gehen die Wogen der Diskussion hoch. Soll man oder soll man nicht? Es gibt ausgezeichnete und künstlerisch sehr hochwertige Märchenbilderbücher in großer Zahl, daß es schwer wird, hier eine vertretbare Meinung zu äußern. Auf keinen Fall sind – so meine ich – Märchenbilderbücher für eine Erstbegegnung mit dem Märchen geeignet. Denn damit ist eine bestimmte Märchensituation ein für allemal fixiert, die doch das Kind hätte in seiner Phantasie schaffen können. Persönlicher und oft viel schöner. Also wäre ein repetierendes Anschauen von einem längst bekannten Märchen erlaubt? Auch da erhebt sich die Frage, ob dieses neue Bild das Phantasiebild nicht auslöscht. Bei Erwachsenen scheint das Problem nicht mehr akut zu sein. Es gibt eine große Zahl von Märchenbilderbuchsammlern, die mit größtem Vergnügen ihren Schatz hüten und gebrauchen.

Das Märchen ist aus

Bleibt die Frage nach der „Phase danach". Die Kinder sind vom Märchenhören noch ganz gebannt. Es muß sich erst setzen, was sie gehört haben. Jetzt brauchen sie Ruhe. Die Kinder müssen Möglichkeiten haben, sich zu äußern. Man bleibt also noch zusammen sitzen. Es können Probleme auftauchen, die aufgefangen, in Worte gebracht und eventuell geklärt werden müssen. Wenn die Kinder nicht von selbst sprechen, könnte man Reizfragen stellen, um sie aus sich herauszulocken. Oft ist nach dem langen Sitzen auch ein Rollenspiel angebracht, welches das Gehörte umsetzt, ein Lied oder auch das Sprechen eines Märchenverses:

Weh, weh, Windchen,
nimm Kürdchen sein Hütchen,
und laß'n sich mit jagen,
bis ich mich geflochten und geschnatzt
und wieder augesatzt.

Manche Kinder wollen auch jetzt Bilder malen zu den Märchen. Sie wählen dabei Motive aus, die sie besonders beeindruckt haben. Natürlich geben solche Bilder dem Erzieher einen Einblick in die Erlebniswelt der betreffenden Kinder. Spaß macht jetzt auch ein Puppenspiel, das dann eine indirekte Äußerung des Kindes zum Gehörten darstellt.

Anklagepunkte gegen das Märchen

Was so eindrucksvoll und beliebt ist wie das Märchen, hat selbstverständlich auch Gegner. Ich bringe nachfolgend zwei der wichtigsten Argumente gegen das Märchen zur Sprache und auch gleich eine Antwort dazu.

Veraltete gesellschaftliche Strukturen

Es heißt, das Märchen transportiere auf seinem Weg durch die Zeit veraltete gesellschaftliche Strukturen, wie etwa eine Unzahl von Königen, Prinzessinnen und Schlössern, wie sie in dieser Häufung gar nicht existieren konnten. Das wirke in unsere heutige Zeit hinein ausgesprochen feudalistisch und undemokratisch.

Antwort: Natürlich werden hier Spuren der Erzähltradition deutlich. Aber was beispielsweise die Könige betrifft, so sind das nicht Könige im monarchischen Sinn, sondern „König" ist einfach, wie wir schon sagten, ein Hochwertbegriff. Schauen wir uns doch einmal „Dornröschen" an. Der König

hatte zur Geburt des Kindes dreizehn Frauen eingeladen, be-
saß aber nur zwölf goldene Teller. Daraus resultierte dann
das ganze Malheur. Aber um alles in der Welt: Welcher König hat nur zwölf Teller? Jeder einzelne von uns hat ja mehr.
Es kann also kein besonders großartiger König gewesen sein,
eher ein Großbauer oder eine verehrungswürdige Gestalt.
Was heißt denn zwölf? Zwölf, das ist der Umfang einer nor-
mal üblichen Aussteuer, fast bis heute noch. Mehr hatte auch
dieser König nicht.

Oder „Rumpelstilzchen". Ein Müller spricht mit dem König. Einfach so, von Mann zu Mann. Aber weil dieser König
eben doch in irgendeiner Form hochwertig ist, schneidet der
Müller auf. Ganz gewaltig. Er sagt nämlich, seine Tochter
könne Stroh zu Gold spinnen. Das will der König nachprü-
fen. Und indem er es nachprüft, wird er immer goldgieriger.
Und am Ende heiratet er gar die Müllerstochter, damit ihm
dieses Talent auf jeden Fall erhalten bleibt. Kann er da ein
reicher Souverän gewesen sein? Wohl kaum. Das sind eher
bürgerliche, kleinbürgerliche Wünsche, die da offenkundig
werden.

Es darf auch nicht übersehen werden, daß das Märchen
immer auf der Seite der Kleinen, Armen und Dummlinge
steht und gerade ihnen das Glück zukommen läßt.

Das Märchen führt zu Realitätsverlust

Gesunde Kinder unterscheiden zwischen Geschichten und
Wirklichkeit. Wir haben diesen Punkt schon mehrfach erwähnt. Sie erkennen in den Märchen durchaus den verborgenen Wirklichkeitssinn. Wenn wir die Märchen eindimensional nennen, dann bedeutet das für die Kinder die Fähigkeit,
in beiden Welten gleichermaßen zu Hause zu sein, in der realen und der irrealen Welt. Nur sollten Kinder am Ende der
Märchenphase rechtzeitig den Absprung schaffen zu Kinderbüchern, auch zu realistischen. Sonst könnte tatsächlich
ein Realitätsverlust eintreten. Da wären dann aber nicht die
Märchen schuld, sondern das Kind hätte irgendeinen
schwerwiegenden Grund, der Realität zu entfliehen. Dem allerdings müßte nachgegangen werden.

Das Böse im Märchen

Identifikation

Gerade weil die Märchenhelden meist Kinder oder Jugendliche sind, die sich im Märchen zur Reife entwickeln, und die Handlung aus ihrem Blickfeld betrachtet wird, lehrt uns das Märchen so viel über das Innenleben des Kindes. Die meisten Märchen haben zum Grundthema das Ringen des Kindes oder des Jugendlichen um Unabhängigkeit.

Das Kind nimmt teil an diesen Entwicklungen durch Identifikation: Der Held, das bin ich! Damit das dem Kind gelingt, ist die Identifikationsfigur mit ganz wenigen, eindeutigen, extrem ausgeprägten Charaktereigenschaften gekennzeichnet. Man spricht hier von Schlüsselreizen. Durch diese Schlüsselreize des Helden (oder welcher literarischen Figur auch immer) kommt es beim Leser zu einer verinnerlichten Nachahmung. Allerdings nur dann, wenn beim Leser oder Hörer eine innere Bereitschaft vorliegt, bestimmte Bedürfnisse. Die Identifikation stellt also eine spezielle Art des Lernens dar. Repräsentiert der Held ethische Normen, kann er auf diese Weise zu einem Vorbild für das Kind werden. Das Umgekehrte gilt für ein Gegenbild, das das Böse verkörpert. So verinnerlicht das Kind schon sehr früh Werte und Normen anhand von konkreten Bildern.

Projektion

Neben diesem Identifikationsprozeß läuft beim Kind noch ein zweiter Prozeß ab, der der Projektion. So sind bestimmte Figuren im Märchen Projektionen der Vorstellungen des Kindes. Kräfte, die das Ich bedrohen, werden nicht in der eigenen Person gesehen, sondern einer Person der Außenwelt (in unserem Fall des Märchens) zugeschrieben und dann in dieser verurteilt. Mallet schreibt:

Gretel gelingt es deshalb so leicht, die Hexe zu übertölpeln, weil das Märchengeschehen eine Projektion des Wunsches ist, den das Kind gegenüber jenen Personen hegt, die es fürchtet und haßt. Aber auch das, was die Hexe im Sinn hat, ist eine Projektion kannibalischer Wünsche und Ängste des Kindes. Die bösen Absichten der Hexe

wie Gretels Triumph – beides sind also Projektionen aus dem kindlichen Innenleben. Was der Held tut und was ihm zustößt, seine
Kämpfe und Fährnisse, seine Erfolge und Mißerfolge, sind allesamt
Projektionen der Ängste und Wünsche der Kinder, Widerspiege-
lung ihres Innenlebens.

(S. 212/213)

Das Böse

Damit sind wir – so hoffe ich – vorbereitet auf unser Thema
vom Bösen. Der Vorspann war nötig, denn es ist noch gar
nicht lange her, daß das aufsehenerregende Buch von Gmelin erschien: „Böses kommt aus Kinderbüchern", wobei natürlich die Märchen eingeschlossen waren. Auch heute noch
ist das Problem nicht vollends aus der Welt geschafft: „Hat
das Böse im Kindergarten überhaupt etwas zu suchen? Sie
lernen es noch früh genug kennen." Furcht könne es auslö-
sen, heißt es, und das Kind zu eigenem grausamen Handeln
führen. Auch wird auf die Gefahr der Vorurteilsbildung hingewiesen, beispielsweise durch die Hexe, die Stiefmutter.
Vergessen wenigstens wir nicht das Argument der Projektion.

Das Märchen stellt uns seine Probleme kurz und pointiert
vor Augen. Und dies begreift das Kind: Das Problem in seiner wesentlichen Gestalt. Alles andere würde das Kind ver-
wirren. Auch die Charaktere sind keine Individuen, sondern
Typen. So wird das Gute gezeigt, aber auch das Böse. In fast
allen Märchen ist beides zu finden, wie im wirklichen Leben
auch. Gerade daraus entwickelt sich das Problem und der
Kampf um die Lösung.

Das böse Tun zahlt sich nicht aus

Wie sieht nun das Böse aus? Wir müssen gestehen: Es hat oft
seine Faszination. Wie faszinierend ist etwa der Drache, der
schon als Urbild des Bösen aus den alten Mythen stammt.
Wie stark er ist, wie ungeheuerlich seine Fähigkeit, Feuer zu
speien, und das noch aus mehreren Häuptern! Oder der
Riese mit seiner Kraft, aber auch Großmäuligkeit und Toll-
patschigkeit. Oder die Hexe mit ihrer geheimnisvollen Ma-

gie. Wie aber setzt das Märchen solche Bilder des Bösen zur moralischen Erziehung ein? Nicht nur durch gerechte Bestrafung des Bösewichts (obwohl sie auch häufig vorkommt). So mußte sich etwa in rotglühenden Schuhen Schneewittchens Stiefmutter zu Tode tanzen. Das gehört auch dazu und entspricht dem Wunsch des Kindes nach Ordnung und Gerechtigkeit. Aber abschreckend wirkt es doch. Ein viel wirksameres Mittel ist es, wenn das Kind zu der Überzeugung kommt, daß das Verbrechen sich im Grunde nicht auszahlt. Aus diesem Grunde unterliegt das Böse im Märchen immer. Dem Kind präsentiert die böse Figur das böse Prinzip. Das muß überwunden werden.

Durch Gefährdungen zur Tugend

Konkret: Das Schneewittchenmärchen erzählt uns von einer Frau, die es nicht erträgt, alt zu werden. Und von einem jungen Mädchen, das darunter zu leiden hat. Damit enthüllt es uns Neid und Eifersucht als zwei der mächtigsten Wurzeln des Bösen. Aber es wird auch deutlich, wie die Frau sich selbst zugrunde richtet, und wie Schneewittchen an den Fehlern und Hilfen, die ihr widerfahren, reift. Erst durch ihre Gefährdungen wird ihre Schönheit und Tugend offenbar.

In der Auseinandersetzung mit dem Bösen erfährt der Held Hilfe

Im Märchen „Der Teufel mit den drei goldenen Haaren" tritt der König als Repräsentant des Bösen auf. Er peinigt den Jungen, wo immer er kann. Und am Ende wird ihm selbst die Strafe zuteil, die er dem Jungen zugedacht hatte: Er muß als Fährmann den Kahn in die Unterwelt fahren, hin und her. Ewig. Das Märchen drückt hier den Begriff der Ewigkeit sehr vorsichtig aus:

> Fährt er wohl noch?
> Was denn?
> Es wird ihm niemand die Stange abgenommen haben.

Was dieses Märchen aber deutlich machen will in der Auseinandersetzung mit dem Bösen: Der Mensch (wie dieser Held) ist auf Hilfen angewiesen, die ihm aus der diesseitigen wie auch aus der jenseitigen Welt zuströmen. Und wenn es des Teufels Großmutter ist.

Das Böse vernichtet sich selbst

Die Gänsemagd klagt dem Eisenofen ihr Leid, und die falsche Braut (hier der Inbegriff des Bösen) erfährt alles und fällt trotzdem folgendes Urteil, obwohl sie doch wissen müßte, daß es sich gegen sie selber kehrt:

> Die ist nichts Besseres wert, als daß sie splitternackt ausgezogen und in ein Faß gesteckt wird, das inwendig mit spitzen Nägeln beschlagen ist: und zwei weiße Pferde müssen vorgespannt werden, die sie Gasse auf Gasse ab zu Tode schleifen.

Hier wird – wie Lüthi interpretiert – deutlich, daß das Volksmärchen keine realistische, sondern eine symbolische Erzählung ist. Warum sonst legt es solchen Wert darauf, daß die verbrecherische Kammerjungfer sich ihr eigenes Urteil spricht? Weil es den Glauben und die Hoffnung hat, daß das Böse an sich selber zugrunde gehe.

Die Grausamkeit, pädagogisch gesehen

Märchen sind Symbole psychologischer Ereignisse oder Probleme. Als solche entsprechen sie der Wahrheit. Faßte man sie als Tatsachenberichte auf, so wären sie wirklich in jeder Beziehung empörend, grausam, sadistisch und alles mögliche. Die Darstellung des Bösen und Grausamen im Märchen will klare Verhältnisse schaffen. Das Märchen entfernt den Helden von zu Hause, wie auch immer. Freiwillig oder unfreiwillig. Warum diese Härte? Der Held soll aus alten Bindungen abgelöst und isoliert werden. Denn er muß ja wachsen und reifen. Seine Prüfungen sind oft grausam, sehr grausam. Aber sie dienen dazu, die Unerschütterlichkeit und Lauterkeit des Helden, die Hilfe der guten Mächte, ihre Treue und Kraft, aber auch das Ausmaß des Bösen überzeugend genug zu beweisen. Beispiel aus „Der treue Johannes":

Der treue Johannes war bei dem letzten Wort, das er geredet hatte, leblos herabgefallen und war ein Stein. Darüber trug nun der König und die Königin großes Leid, und der König sprach: „Ach, was hab' ich große Treue so übel belohnt!" Und er ließ das steinerne Bild aufheben und in seine Schlafkammer neben sein Bett stellen. Sooft er es ansah, weinte er und sprach: „Ach könnte ich dich wieder lebendig machen, mein getreuester Johannes." Es ging eine Zeit herum, da gebar die Königin Zwillinge, zwei Söhnlein, die wuchsen heran und waren ihre Freude. Einmal, als die Königin in der Kirche war und die zwei Kinder bei dem Vater saßen und spielten, sah dieser wieder das steinerne Bildnis voll Trauer an, seufzte und rief: „Ach, könnt ich dich wieder lebendig machen, mein getreuester Johannes." Da fing der Stein an zu reden und sprach: „Ja, du kannst mich wieder lebendig machen, wenn du dein Liebstes daran wenden willst." Da rief der König: „Alles, was ich auf der Welt habe, will ich für dich hingeben." Sprach der Stein weiter. „Wenn du mit deiner eigenen Hand deinen beiden Kindern den Kopf abhaust und mich mit ihrem Blute bestreichst, so erhalte ich das Leben wieder".

Daß der König das tut, gehört zu seinen Prüfungen, so grausam es scheint. Aber seine Treue wird belohnt, und die Kinder sind augenblicks wieder heil, springen herum und spielen fort, als sei nichts gewesen.

Grausame Strafen dienen meist dazu, den totalen Sieg der Gerechtigkeit offenbar zu machen, wie wir schon bei „Die Gänsemagd" hörten. Auch der Wolf in Rotkäppchen oder in den sieben Geißlein bekommt nicht nur den Bauch aufgeschnitten, sondern wird auch noch in den Brunnen gestürzt.

Die Grausamkeit findet sich ohne Ausnahme in den Märchen aller Völker. Denn das Märchen ist Menschheitsgeschichte, in der die Grausamkeit bis auf den heutigen Tag leider eine große Rolle spielt. Das dürfen wir nicht leugnen oder verniedlichen. Doch – wie nehmen eigentlich Kinder solche Textstellen hin? Vorausgesetzt, sie leben in einer geborgenen Atmosphäre, reagieren sie mit Gleichmut, oft mit Befriedigung, ja mit wohligem Gruseln. Das heile Kind erschrickt nicht vor dem Grausamen im Märchen, weil ihm noch die Erfahrung des Bösen fehlt. Darum realisiert es das Grausame nicht, kann es sich nicht vorstellen. Dabei kommt ihm allerdings auch die Flächenhaftigkeit des Märchens zugute, die nur nennt, nie beschreibt. Durchbrochen wird diese

Schutzvorrichtung allerdings bei Dramatisierungen aller Art,
sei es durch die Stimme des Erzählers, sei es durch die elek-
tronischen Medien.

Angst und Angstbewältigung

Angst ist ein Teil der menschlichen Natur, die wir nie werden
ausmerzen können. Wir können nur Hilfestellung leisten.
Auch dabei kann uns das Märchen hilfreich sein. Es bietet
nämlich in seiner Typenhaftigkeit Bilder an, etwa Rumpelstilzchen, den bösen Wolf, die Hexe, den Teufel und den
Drachen. Diese binden sozusagen die Angst an sich. Sie alle
verlieren den Kampf und werden besiegt. Vielleicht die kindliche Angst mit ihnen. Wenigstens für kurze Zeit. Bei dem
seelisch gesunden Kind brauchen übrigens Märchen keine
Ängste erzeugen. Sie lassen dafür unbewußt vorhandene
Ängste sichtbar werden, wie wir beim Bericht über den „Machandelboom" sahen.

Kann das Märchen bei der Lebensbewältigung helfen?

Seien wir ehrlich: Um heute die Umwelt zu bewältigen, ist
das Kind unserer industriellen Gesellschaft auf gute Kinderbücher und gute Bilderbücher angewiesen, die sachlich oder
erlebnishaft in diese Umwelt einführen. Aber das ist noch
nicht alles, noch nicht das ganze, volle Menschsein. Das
Kind soll auch Werte, Normen und einen inneren Bilder-
reichtum übermittelt bekommen. Und dafür ist das Volksmärchen da. Sein zentrales Thema ist ja die Lebensbewältigung.

Das Bild des Helden

Für soziales Lernen und zur Entwicklung und Gestaltung
seiner eigenen Persönlichkeit kann das Kind auch heute
noch wertvolle Hilfen aus dem Weltbild der Volksmärchen

erfahren. Wie erfährt es sie? Wie wir schon sahen: Durch Identifikation und Projektion. Damit kommen wir wieder zur Gestalt des Helden. Er repräsentiert das Gute. Seine Weltbewältigung durch das Gute wird aber weniger intellektuell, als gemüthaft und emotional dargestellt. Seine stärkste Fähigkeit ist die soziale. Den zwischenmenschlichen Beziehungen kommt im Volksmärchen überhaupt eine große Bedeutung zu. Eigenschaften wie Mitleid, Hilfsbereitschaft, Gutmütigkeit, Dankbarkeit und Selbstaufopferung finden im Volksmärchen immer Belohnung. So gewinnt der Held auch Helfer, um seine Aufgaben und Bewährungsproben zu bestehen. Bei allem bleibt er typenhaft und überindividuell. Das ist gut so. Bei der Identifizierung des Kindes mit einem bravourösen, ehrgeizigen, ja perfekten Helden einer Kindergeschichte kann das Kind leicht überfordert sein und mutlos werden.

Das Bild des Unhelden

Der Unheld stellt durch seine extreme, typenhafte Charakterisierung das Böse dar. Er ist hartherzig, falsch, ungehorsam, hochmütig und neidisch – lauter Eigenschaften, die im Märchen streng bestraft werden. Auch hier werden Normen vermittelt, die in ihrer komprimierten Form Vorarbeit leisten zur Lebensbewältigung. Daß es nicht Vorurteile werden, dafür sorgt die Typenhaftigkeit des Märchens und seine Abstraktion.

Noch halb stand die Sonne über dem Berg, und halb war sie unter. Joringel sah durchs Gebüsch und sah die alte Mauer des Schlosses nah bei sich; er erschrak und wurde todbang. Jorinde sang:

> Mein Vöglein mit dem Ringlein rot
> singt Leide, Leide, Leide:
> es singt dem Täublein seinen Tod,
> singt Leide, Lei – zicküth, zicküth.

Joringel sah nach Jorinde. Jorinde war in eine Nachtigall verwandelt, die sang zicküth, zicküth. Eine Nachteule mit glühenden Augen flog dreimal um sie herum und schrie dreimal schu, hu, hu, hu. Joringel konnte sich nicht regen: er stand da wie ein Stein, konnte

nicht weinen, nicht reden, nicht Hand noch Fuß regen. Nun war die
Sonne unter; die Eule flog in einen Strauch, und gleich darauf kam
eine alte krumme Frau aus diesem hervor, gelb und mager: große
rote Augen, krumme Nase, die mit der Spitze ans Kinn reichte. Sie
murmelte, fing die Nachtigall und trug sie auf der Hand fort.

(Aus: „Jorinde und Joringel")

Das Ziel aller Hauptfiguren im Märchen ist Selbständigkeit
und Anerkennung, versinnbildlicht durch Reichtum und
Macht. So erfüllt das Volksmärchen wichtige Funktionen für
die mitmenschliche Lebensbewältigung, aber auch für die
Entwicklung und Selbstgestaltung der Persönlichkeit eines
Kindes.

7

Märchen aus religionspädagogischer Sicht

Aktuelle Fragen zum Thema

Schon lange stellt die Religionspädagogik die Fragen:

- Stellt Religionsunterricht und religiöse Erziehung, wenn sie das Märchen einbeziehen, sich außerhalb des christlichen Glaubens?
- Ist das Märchen mit dem christlichen Glauben vereinbar?
- Kann das Märchen am Ende sogar der Erschließung des christlichen Glaubens dienen?

Diese Fragen mögen manchen sonderbar anmuten. Drum muß gesagt werden: Märchenskepsis oder gar Märchenfeindschaft haben eine lange Tradition im Christentum. Die Konzentration auf das Evangelium solle vorrangig sein, hieß es im Protestantismus, und lange Zeit wurde die Abneigung gegen das Märchen gleichgesetzt mit katholisierenden Zutaten des Glaubens wie Wallfahrten, Votive, Reliquien, Heilige. Aber auch bei den Katholiken sah es mit dem Mißtrauen nicht besser aus. Das Märchen schien heidnisch. Wo ist dort Gott?

Ungetaufte Literatur?

Selbst ein solch bedeutender Märchenforscher wie Max Lüthi sagt: „Ein Geschöpf der christlichen Kirche ist das Volksmärchen gewiß nicht." Tatsächlich kommen dort Gebete, Kirche und Gott kaum vor. Wenn man also an den personalen, transzendenten Gott der christlichen Theologie denkt, ist das Märchen tatsächlich atheistisch bis auf die Legendenmärchen oder christlichen Überformungen, etwa in den Predigtmärlein. Statt dessen hat man es mit Magie und Zauber zu tun – von jeher als unvereinbar mit dem christlichen Glauben betrachtet. Dann ist das Endziel keineswegs eine immerwährende Anschauung Gottes, sondern ein durchaus diesseitiges Glück.

Nach der Liste dieser Feststellungen wären also Märchen „ungetaufte Literatur". Und trotzdem haben sie eine über tausendjährige Christianisierungsgeschichte erstaunlich kraftvoll überstanden. Wie ist das möglich?

Die allegorische Auslegung

Seit frühesten christlichen Zeiten gab es ein Mittel, nicht-christliche Texte sich anzueignen: Die allegorische Auslegung. Sie war weniger eine freie Schöpfung als eine gewaltsame Adaption alles Außerchristlichen, die von der rabiaten Integrationskraft des Glaubens zeugte. Leider nur ging dieser Prozeß auf Kosten des Eigenwertes der Texte. Wir haben heute noch solche allegorischen Auslegungen – gute und schlechte – und um ein Beispiel zu bringen, nachfolgend ein verhältnismäßig guter moderner Text aus: Heinrich Engel, „Silberschatz und goldener Schlüssel". Volksmärchen – theologisch erzählt (Verlag Wort und Werk, St. Augustin).

Aschenputtel – oder die Letzten werden die Ersten sein: „Aschenputtel"! rufen Stiefmutter und Stiefschwestern dem Mädchen aus der ersten Ehe des Vaters zu. Nicht ohne Grund, wird ihm doch alle schwere und schmutzige Arbeit im Hause aufgeladen. Nicht einmal ein Bett darf die Arme zu eigen haben, sondern sie muß sich neben dem Herd in die Asche legen. Aschenputtels einziger Weg aus dem Hause führt zum Grab der Mutter. Dort hat es einen Baum gepflanzt und begießt ihn jeden Tag mit Tränen. Dieser Baum aber hilft mit, die Not des armen Mädchens zu wenden. Eines Tages kündigt der König ein großes Fest an. Drei Tage soll gefeiert werden; denn der Prinz will Brautschau halten, und alle schönen Jungfrauen im Lande sind zum Tanz geladen. Während die Stiefmutter ihre eitlen Töchter prächtig ausstaffiert, muß Aschenputtel einen Topf Linsen aus der Asche suchen. Trotzdem erscheint sie auf dem Fest.

Tauben und Sperlinge haben dem Mädchen die Linsen aus der Asche gepickt. Vom Baum der Mutter ist ein silbernes und goldenes Festkleid auf Aschenputtel herabgefallen, so daß sie den schönsten Anblick im Königssaal bietet. Drei Tage lang tanzt der Prinz einzig mit Aschenputtel, diese aber verschwindet heimlich gegen Abend und bleibt unerkannt. Schließlich gelingt es dem Königssohn mit List, einen von des Mädchens goldenen Schuhen an sich zu bringen. Irgendwann wird er doch auf die stoßen, an deren Fuß der Schuh paßt. Umsonst versuchen die bösen Stiefschwestern den goldenen Schuh anzuziehen, Aschenputtel aber paßt er wie angegossen. Damit ist ihr Elend zu Ende. Aus der armen Magd wird eine glückliche Prinzessin. –

Ein Märchen, zu schön, um wahr zu sein! Geht es im Leben nicht anders zu? Führen nicht Millionen von Menschen, ganze Völker, ein Aschenputteldasein? Werden sie nicht in den Staub gedrückt durch Armut, Hunger, Krankheit, Ausbeutung? Für wie viele gibt es weder Prinz, noch Fest, noch Hochzeit? Auch das Beispiel weniger Glückspilze, die durch Zufall oder Können aus dem Dunkel ans Licht gelangt sind und ihren Bettelstab mit dem Königszepter vertauscht haben, vermag uns keinen Trost zu spenden. Solche Ausnahmen verschärfen nur noch die Not der vielen anderen! Und wie steht es mit den Verheißungen zeitgenössischer Heilslehren, der Mensch werde einst sich selbst aus dem Aschenputtel in eine Prinzessin verwandeln, die armselige Hütte der Welt zum Palast umbauen können? Selbst wenn es gelänge (Beweise werden ja nicht gegeben, Glaube wird gefordert!), so kann ich mit einer fernen Zukunft nicht alle Armen und Elenden der Gegenwart abspeisen.

Unser Märchen erzählt es aber anders. Nicht mit eigener Kraft ändert Aschenputtel sein Los, Vögel des Himmels und der Baum auf dem Grabe kommen ihm zu Hilfe. Das Kleid aus Gold und Silber, welches sie zu einem neuen Menschen macht, hat sie nicht selbst geschneidert, sondern als Geschenk empfangen. Auch im Evangelium finden wir das festliche Gewand als Bild dessen, was der Mensch sich wünscht und was Gott schenkt. Das Gleichnis Jesu schildert eine Hochzeitsfeier, an der nur die teilnehmen, welche das Festgewand tragen (Mt 22,2–14). Der Seher Johannes schaut Menschen, mit weißen Kleidern angetan, vor dem Thron des göttlichen Lammes stehend (Offb. 7,9–17).

Das Kleid ist also Symbol des neuen Menschen, den Gott aus dem Staub erhoben und mit einer neuen Würde beschenkt hat. Gott will, daß alle Menschen zum Heil gelangen, doch bei diesem Fest, welches ewig dauern wird, erhalten die Kleinen, Niedrigen und Geringen die ersten Plätze. Gerade das Schwache und Verächtliche in den Augen der Welt hat Gott erwählt, um das Starke und Mächtige zu beschämen. (S. 28–31)

Märchen als Propädeutik des Glaubens

Die Allegorie, auch wenn sie theologisch überzeugt, ist nicht der (Märchen-)weisheit letzter Schluß. „Aus" für das Märchen in der religiösen Erziehung? Nein, gewiß nicht. Der Glaube an Gott bedarf eines besonderen Wurzelgrundes, der bereitet sein muß. Das Transzendieren, das Hinüberdenken in eine für unsere Sinne nicht existente Welt, muß eingeübt werden. Kindern, die noch in der eindimensionalen Phase stehen, in der reale und irreale Welt sich überschneiden, fällt das leichter als den rationalen Erwachsenen. Auch dem phantastischen Kinderbuch kann man diese Funktion beimessen: Die Welt wird aufgerissen in eine neue Dimension. Die neuen mythischen Geschichten erfüllen denselben Zweck für Jugendliche und Erwachsene. Für sie allerdings reißen sie nicht nur Welten auf, sondern sie halten auch Botschaften bereit, die durchaus etwas mit christlichen Werten wie Heil, Erlösung, Berufung zu tun haben.

Märchen sind Vertrauensgeschichten

Welche christlichen Werte halten denn nun die Märchen bereit? Näher besehen, erweisen sie sich nämlich durchaus als Verbündete des Glaubens. So sind Märchen Vertrauensgeschichten. Sie vermitteln das Gefühl, in einer sinnvollen Welt geborgen zu sein und sinnvoll in ihr zu handeln und zu leben. Der Glaube fragt noch über die Sinngewißheit des Märchens hinaus. Für ihn steht Gott selbst dafür ein, daß das Menschenleben eine sinnvolle Bedeutung erlangt. Aber den Weg für diese Gewißheit hat das Märchen bereitet. Es hat die Güte einer jenseitigen Weltenlenkung aufleuchten lassen.

Und in diesem Zusammenhang auch wieder zur Angst. Das Märchen ist voll von Angst, wie auch der Mensch voll von Angst ist. Trennung, Abschied, Verstoßung, Aussendung – all diese existentiellen Ängste werden im Märchen nicht überspielt, sondern ernst genommen. Aber jeder Märchenleser weiß: Was auch immer geschieht, du darfst dich im Vertrauen der Welt zuwenden – letztlich wird die gerechte Sache siegen. Mit dieser Zuversicht wird dem Märchenfreund ein naturreligiöser Vorhof für die Welt der Offenbarung geschaffen.

Die Bildersprache des Märchens

Soll die Religionspädagogik als einzige Wahrheit die wissenschaftliche Welterklärung gelten lassen? Dann müßte sie sich distanzieren von der Bildersprache des Mythos und des Märchens und von deren Art der Wirklichkeitserfassung. Die andere Möglichkeit wäre, sich beherzt auf die Seite eben dieser Bildersprache zu schlagen, weil in dieser Sprache eine Form der Wirklichkeitserfassung aufleuchtet, die unsere Existenz heller, deutlicher macht. Dazu gehörte bislang allerdings viel Mut in unserer aufgeklärten Zeit. Aber das Blatt hat sich unlängst gewendet. Es wird wieder bilderreicher gedacht und geschrieben.

Bilder: Die Bibel und die Volksliteratur sind voll von Bildern. Großen, herrlichen Bildern sogar. Peter Hacks meinte einmal, die Christen hätten genug davon, schämten sich aber ihrer großen Bilder. Drache, Zwerg, Hexe, Brunnen, König, Gold, Asche, Pech – das sind im Märchen Urbilder des Hohen, Edlen oder Gefährlichen, Falschen. Wenn einmal klar ist, daß in den Märchen Wahrheit enthalten ist und daß diese Wahrheit über die Bildersprache begreifbar ist, dann haben auch die Geschichten der Bibel eine Chance, als Glaubensgeschichten verstanden zu werden und betroffen zu machen. Und damit gehört der rechte Umgang mit der Bildersprache der Märchen zur Propädeutik des Glaubens. Solch eine Bildersprache hat eine größere Wirkung als eine Begriffssprache, weil sie emotional aufgeladen ist und uns daher ganz anders berührt. Nachhaltiger, wesentlicher.

Das Bild des Menschen im Märchen

Gnade und Erlösung

Wir sprachen oben von neuen mythischen Geschichten, wie
sie etwa Michael Endes Jugendbücher „Die unendliche Geschichte" und „Momo" darstellen. Dort werden christliche
Begriffe deutlich wie Erlösung, Berufung, Heilbringer. Damit werden sehr alte Traditionen aufgegriffen, vor denen
man sich lange gescheut hat. Im Märchen sind sie immer da-
gewesen. Der Märchenheld ist ein mit Gaben Beschenkter
oder Begnadeter. Er ist auf Hilfe angewiesen und handelt
doch aktiv in der Kraft seines Charismas. Wer denkt da nicht
vergleichend an die christliche Gnadenlehre?

Die Wirkung der Gnade heißt christlich Erlösung. Aus
sich heraus kann der einzelne sich nicht erlösen, dazu
braucht er Hilfe. Im Märchen wird mannigfach Hilfe angeboten, durch dankbare Tiere, durch liebende Menschen,
durch einen Zauberspruch. Die Bilder, in denen die Märchen
Erlösung darstellen, sind Bilder für die Überführung des
Helden von einem kümmerlichen zu einem erfüllten Dasein,
Befreiung im weitesten Sinn. Die allen geläufigen Schlußfor-
meln der Märchen sind Bilder dieses Erlöstseins und Zeichen
dafür, daß das Leben gelungen ist.

Und sie lebten noch lange
glücklich und vergnügt.

Berufung

Der Mensch ist berufen, er selbst zu werden. Der Märchen-
held steht vor einer Aufgabe, willigt in sie ein und übernimmt
sie. Berufung meint Aufbruch aus Fertigem, Allzugewohn-
tem und Werden des Noch-Nicht-Gelebten. Dieses Exodus-
Motiv hat die heutige Religionspädagogik wieder entdeckt.
Die Märchenhelden sind Ausziehende, ihre Heimkehr ist
ziemlich unwichtig und findet auch häufig gar nicht statt.
Statt dessen gehören zu all diesen Märchen die leuchtenden
Schlußbilder von Reichtum, Königtum, Herrschaft und
Hochzeit als Bilder gelingenden Lebens. Der Exodus des

Märchenhelden findet hier seine Erfüllung. Diese Bilder sind Hoffnungsbilder, um die andere, eigentliche Zukunft in christlicher Sicht vorstellbar zu machen.

... und erhöht die Niedrigen

Dieser Punkt dürfte jedem als erstes auffallen. Es ist das, was Axel Olrik mit „Achtergewicht" bezeichnet. Der Dummling, das Aschenputtel, die jüngste Prinzessin – sie alle sind die Letzten und am Ende die Ersten, sie sind die Niedrigen und werden erhöht. Lauter biblische Begriffe. Aber die Erhöhung geschieht niemals plötzlich, wie mit einem Katapult, sondern der Held muß sich immer wieder bewähren, überall und zu jeder unvorhergesehenen Zeit. Das macht frühzeitig vertraut mit dem, was auch das Evangelium fordert.

Suchwanderung

Während die Religionspädagogik früherer Generationen in Gott eher etwas Seßhaftes sehen wollte, Gott als Herberge, Zuflucht und Ruhe, der auf diese Weise gutbürgerliche Tugenden vertrat, sehen wir in Gott heute lieber den Unruhestifter unseres Lebens. Bilder dafür liefert wieder das Märchen. Der Märchenheld auf seiner Suchwanderung verkörpert eine Dynamik, die im Märchen zwar zu einem glücklichen Ende kommt, in christlicher Sicht aber erst bei Gott endet. Ohne Auszug, Aufbruch und Ablösung ist Gott nicht zu erreichen. Im Nest hocken zu bleiben, mindert die Chance, Gott zu finden.

Als auch der zweite Sohn ausblieb, so erbot sich der Jüngste, auszuziehen und das Wasser zu holen, und der König mußte ihn endlich ziehen lassen. Als er dem Zwerg begegnete und dieser fragte, wohin er so eilig wolle, so hielt er an, gab ihm Rede und Antwort und sagte: „Ich suche das Wasser des Lebens, denn mein Vater ist sterbenskrank." „Weißt du auch, wo das zu finden ist?" „Nein", sagte der Prinz. „Weil du dich betragen hast, wie sich's geziemt, nicht übermütig wie deine falschen Brüder, so will ich dir Auskunft geben und dir sagen, wie du zu dem Wasser des Lebens gelangst. Es quillt aus einem Brunnen in dem Hof eines verwünschten

Schlosses, aber du dringst nicht hinein, wenn ich dir nicht eine eiserne Rute gebe und zwei Laiberchen Brot. Mit der Rute schlag dreimal an das eiserne Tor des Schlosses, so wird es aufspringen; inwendig liegen zwei Löwen, die den Rachen aufsperren, wenn du aber jedem ein Brot hineinwirfst, so werden sie still, und dann eile dich und hol von dem Wasser des Lebens, bevor es zwölf schlägt, sonst schlägt das Tor wieder zu, und du bist eingesperrt." Der Prinz dankte ihm, nahm die Rute und das Brot und machte sich auf den Weg. Und als er anlangte, war alles so, wie der Zwerg gesagt hatte. Das Tor sprang beim dritten Rutenschlag auf, und als er die Löwen mit dem Brot besänftigt hatte, trat er in das Schloß und kam zu einem schönen großen Saal; darin saßen verwünschte Prinzen, denen zog er die Ringe vom Finger, dann lag da ein Schwert und ein Brot, das nahm er weg. Und weiter kam er in ein Zimmer, darin stand eine schöne Jungfrau, die freute sich, als sie ihn sah, küßte ihn und sagte, er hätte sie erlöst und sollte ihr ganzes Reich haben, und wenn er in einem Jahr wiederkäme, so sollte ihre Hochzeit gefeiert werden.   (Aus: „Das Wasser des Lebens")

Spurensicherung eines Märchens

In diesem Kapitel wollen wir einmal die Fährte eines Märchens verfolgen, bis sie sich im Dunkeln verliert. Wir nehmen uns Rotkäppchen vor, weil gerade darüber in neuerer Zeit recht interessantes Material vorliegt. Rotkäppchen ist wohl das bekannteste Märchen, aber auch das umrätselteste: Woher der Wolf, wo es hierzulande weit und breit keine Wölfe mehr gibt? Ein Altersindiz? Dann das rote Käppchen: Ein modisches Attribut? Restbestand einer sonst nicht erwähnten Tracht? Dann Rotkäppchens Dialog mit dem Wolf – eine hübsche Grimmsche Zutat? Und zuletzt gar der zweite Schluß, den keiner liest, kaum jemand kennt – was soll der?

All diesem ist man nachgegangen. Die wichtigsten Ergebnisse sind nachfolgend zu lesen. Daraus zu lernen ist vielleicht, daß eine bestimmte Märchenfassung nicht dazu verleiten sollte, sie bei der Interpretation absolut, unwiderruflich, endgültig zu nehmen. Erst sollte man sie mit anderen möglichen Fassungen und Varianten vergleichen. Es ist erstaunlich, wie sich dann der Sinngehalt, auf den man eben noch schwor, festigen, aber auch verschieben kann.

Rotkäppchens Verwandlungen

Das Märchen ohnegleichen

Das Märchen vom Rotkäppchen gilt als das bekannteste, beliebteste und „deutscheste" Märchen, das die Brüder Grimm uns überliefert haben. Warum? Darüber wurde viel gerätselt. Ich wage zu behaupten, daß nicht der deutsche Wald, nicht das brave Kind, nicht die heimliche Wollust der Menschen-

fresserei dazu beigetragen haben, sondern schlicht und einfach das farbkräftige Käppchen der Titelheldin. Kinder
mögen rot.

Dabei ist es gerade das rote Käppchen, das zu vielerlei
symbolischen Ausdeutungen Anlaß gegeben hat. Wissenschaftler erblickten darin ein Sinnbild der Menstruation, der
frühen sexuellen Anziehungskraft. Auch ein Koboldattribut
werde darin gesehen oder ein Hinweis auf die Jakobiner-
mütze, Zeichen der Revolution.

Natürlich beschäftigen sich auch die Psychologen mit dem
Märchen. Die erotische Komponente bleibt für sie unüber-
sehbar. Der Wolf als der Verführer, der dem Mädchen vor-
schlägt: „... warum guckst du dich nicht um? Ich glaube, du
hörst gar nicht, wie die Vöglein so lieblich singen?" (Vögel
als erotisches Symbol). Und das Rotkäppchen „lief vom
Wege ab in den Wald hinein und suchte Blumen. Und wenn
es eine gebrochen hatte, meinte es, weiter hinaus stände eine
schönere, und es lief danach, und geriet immer tiefer in den
Wald hinein." Oder: „Was trägst du unter der Schürze"?,
fragt der Wolf. Deutlicher noch bietet eine erotische Interpretation sich an in der zentralen „Bettszene" des Märchens
mit Formulierungen wie: daß der Wolf einen „fetten Bissen
erlangt hatte" oder gar, oh Schreck, „sein Gelüsten gestillt".
Auch das Glas der Flasche, das die Mutter das Kind mahnt,
nicht zu zerbrechen, ist psychologisch befrachtet. Gilt die
Flasche doch als Symbol für den weiblichen Körper. Soweit
Möglichkeiten einer verkappten Erotik in diesem Märchen.

Die meisten Ansprüche an dieses „Märchen ohnegleichen"
meldeten die Pädagogen an. Mit Recht. Schon von den Brüdern Grimm ist es ja als Warnmärchen verstanden worden,
wie auch das Märchen vom Wolf und den sieben Geißlein.
Es ist Träger von moralischen Botschaften. Nicht vom Wege
abzugehen, der Mutter brav zu folgen, soziale Aufgaben
(Großmutter!) ordentlich wahrzunehmen. Wir werden diese
Mahnfunktion später in einer älteren Fassung des Märchens
in geradezu aufdringlicher Weise wiederfinden. Eine gesunde Märchendidaktik fragt sich allerdings, ob „Rotkäppchen" überhaupt vor Angst schützt und sie nicht vielmehr
erst provoziert. Es ist empirisch nachgewiesen, daß bei Kin-

dern und Erwachsenen, die sich an Rotkäppchen erinnern, angstauslösende Situationen deutlich vorherrschen.

Rotkäppchen und die Brüder Grimm

Es ist interessant der Frage nachzugehen, welche Rolle dieses Märchen bei den Brüdern Grimm gespielt hat, auch woher sie es hatten. In der Oelenberger Handschrift, den ersten Märchenaufzeichnungen, die durch Clemens Brentano verlorengegangen sind und erst in unserer Zeit wieder aufgefunden wurden, ist „Rotkäppchen" nicht zu finden. Auch nicht in der ersten Druckfassung. Wir begegnen dem Märchen erst 1812 im ersten Band der Kinder- und Hausmärchen unter der Nummer 26. Es ist die uns allen geläufige Version:

Es war einmal eine kleine süße Dirne, die hatte jedermann lieb, der sie nur ansah, am allerliebsten aber ihre Großmutter, die wußte gar nicht, was sie alles dem Kind geben sollte.

Am Schluß heißt es dort:

Da waren alle drei vergnügt, der Jäger zog dem Wolf den Pelz ab und ging damit heim, die Großmutter aß den Kuchen und trank den Wein, den Rotkäppchen gebracht hatte, und erholte sich wieder, Rotkäppchen aber dachte: „Du willst dein Lebtag nicht wieder allein vom Wege ab in den Wald laufen, wenn dir's die Mutter verboten hat."

Diese Geschichte wurde den Brüdern Grimm im Herbst 1812 von Jeanette Hassenpflug erzählt. Sie überarbeiteten sie und gaben ihr die erwähnte, bis heute gültige Form. Der Schluß, wo dem Untier der Bauch aufgeschnitten wird, stimmt mit dem von „Der Wolf und die sieben Geißlein" überein. Noch ein anderes, literarisches Vorbild war den Brüdern Grimm zugänglich. Es war die 1800 erschienene dramatische Bearbeitung „Tragödie vom Leben und Tod des kleinen Rothkäppchens" des Dichters Ludwig Tieck. Dort allerdings endet die Geschichte tragisch, nämlich mit dem Verschlingen des unschuldigen Mädchens durch den Unhold. Dieses Ende aber wollten die Brüder Grimm, die ihre Märchen erstmalig und ausdrücklich auch für Kinder konzipiert hatten, ihren Lesern ersparen.

Häufig wird übersehen, daß es in den Kinder- und Hausmärchen Nr. 26 auch eine zweite Schlußfassung gibt, die scheinbar ein weiteres Abenteuer des kleinen Mädchens mit einem zweiten Wolf erzählt. Sie endet ebenfalls mit dem Tod des Ungeheuers. Diese Fassung wurde den Brüdern Grimm angeblich von der „Alten Marie" erzählt:

Es wird auch erzählt, daß einmal, als Rotkäppchen der alten Großmutter wieder Gebackenes brachte, ein anderer Wolf ihm zugesprochen und es vom Wege habe ableiten wollen. Rotkäppchen aber hütete sich und ging gerade fort seines Weges und sagte der Großmutter, daß es dem Wolf begegnet wäre, der ihm guten Tag gewünscht, aber so bös aus den Augen geguckt hätte: „Wenn's nicht auf offener Straße gewesen wäre, er hätte mich gefressen." „Komm", sagte die Großmutter, „wir wollen die Tür verschließen, daß er nicht herein kann." Bald darauf klopfte der Wolf an und rief: „Mach auf, Großmutter, ich bin das Rotkäppchen, ich bring dir Gebackenes." Sie schwiegen aber still und machten die Türe nicht auf; da schlich der Graukopf etlichemal um das Haus, sprang endlich aufs Dach und wollte warten, bis Rotkäppchen abends nach Hause ginge, dann wollte er ihm nachschleichen und wollt's in der Dunkelheit fressen. Aber die Großmutter merkte, was er im Sinn hatte. Nun stand vor dem Haus ein großer Steintrog, da sprach sie zu dem Kind: „Nimm den Eimer, Rotkäppchen, gestern hab ich Würste gekocht, da trag das Wasser, worin sie gekocht sind, in den Trog. Rotkäppchen trug so lange, bis der große, große Trog voll war. Da stieg der Geruch von den Würsten dem Wolf in die Nase, er schnupperte und guckte hinab, endlich machte er den Hals so lang, daß er sich nicht mehr halten konnte und anfing zu rutschen: so rutschte er vom Dach herab, gerade in den Trog hinein, und ertrank. Rotkäppchen aber ging fröhlich nach Haus, und es tat ihm niemand etwas zuleid.

Hier also frißt der Wolf das Kind nicht, sondern stürzt vom Dach in den Trog und ertrinkt. Diese diversen Fassungen, denen sich die Brüder Grimm konfrontiert sahen, machen skeptisch in bezug auf die Eindeutigkeit und Einmaligkeit der uns heute geläufigen ersten Version, auf die sich munter alle Interpretationen stützen. Wir wollen daher versuchen, das Märchen noch weiter zurück zu verfolgen.

Im Körbchen: Bordeaux und Biscuit

Vor wenigen Jahren gingen Schlagzeilen durch die literarischen Blätter: Rotkäppchen habe gar nicht guten deutschen Gugelhupf im Körbchen gehabt und roten Pfälzer Wein, wie man sich das hierzulande gemeinhin vorstelle, sondern eine Flasche Bordeaux und Biscuit. Also: Rotkäppchen sei nicht, wie die Brüder Grimm behaupteten, deutschen, sondern französischen Ursprungs. Wie kam man darauf? Der Wissenschaftler Heinz Rölleke hatte nachgewiesen, daß die beiden Frauen, die Gewährsleute Jeanette Hassenpflug und die Alte Marie, französischer Abstammung gewesen sind. In dem Hause, in dem sie beide lebten, sei französisch gesprochen worden. Jeanette habe ihre erste Fassung, die den Brüdern Grimm so deutsch erschien, aus einem französischen Buchmärchen gehabt, die Alte Marie die zweite Fassung aus mündlicher französischer Überlieferung. Da wir uns heute aber, im Sinne eines vereinten Europa, nicht daran stören wollen, ob ein Märchen deutschen oder französischen Ursprungs ist, interessieren uns jedoch nur noch die weiteren Verwandlungen Rotkäppchens, wie sie im französischen Kulturbereich zu finden sind.

Das Rotkäppchen des Charles Perrault

Tatsächlich ist das Märchen, das seit dem 19. Jh. bei uns eine solch ungeheure Verbreitung in allen Medien gefunden hat, in der deutschen Überlieferung keineswegs zu Hause. Sein Hauptverbreitungsgebiet war Frankreich. Die meisten Versionen gehen dort auf Charles Perrault zurück, der das Märchen mit einigen anderen nach dem Geschmack seiner Zeit faßte und 1697 in Paris drucken ließ. Für Erwachsene. Was für eine Ahnfrau unserer „kleinen süßen Dirne" erwartet uns dort? Perrault war eine Art Hofdichter, der seine Märchensammlung hochgestellten Aristokratinnen widmete. Er griff mündliche Überlieferungen auf, ließ mit Rücksicht auf sein Publikum allzu grausige Schilderungen (auf die wir noch kommen werden) weg und machte „Rotkäppchen" zu einer pikant-erotischen Geschichte mit überaus deutlicher Moral.

Das kleine Mädchen geht hier los, um der Großmutter Fladen und Butter zu bringen. Es trifft auf den Wolf, der es am liebsten auffressen möchte und nur wegen der Nähe einiger Holzfäller einen günstigeren Moment abwartet. Er eilt erst zur Großmama, verschlingt sie ohne viel Federlesen, legt sich ins Bett und erwartet Rotkäppchen, das auf einem anderen Wege nachgekommen ist.

Als der Wolf sah, daß es hereinkam, versteckte er sich im Bett unter der Decke und sagte zu ihm: „Stell den Fladen und den kleinen Topf Butter auf den Backtrog und leg dich zu mir." Das kleine Rotkäppchen zieht sich aus und geht hin und legt sich ins Bett, wo es zu seinem allergrößten Erstaunen sah, wie seine Großmutter ohne Kleider beschaffen war. Es sagte zu ihr: „Großmutter, was habt ihr für große Arme"! Damit ich dich besser umfangen kann, mein Kind!"

Diese erotische Aufforderung ist im Französischen noch viel deutlicher als im Deutschen. Sie heißt: „Viens te coucher avec moi." Rotkäppchen zieht sich also aus, schlüpft ins Bett, wundert sich, wie die Großmutter in unbekleidetem Zustand aussieht, stellt Fragen und bekommt hintersinnige Antworten. Rotkäppchen und Großmutter werden vom Wolf gefressen und nicht vom Jäger gerettet. Am deutlichsten zeigt die angehängte Moral Perraults, daß es sich bei dem Wolf um einen männlichen Verführer handelt:

Man sieht hier, wie die Kinder heute,
Vor allem Mädchen, jung und nett,
Schön, liebenswürdig und adrett,
Sehr schlecht nur hören auf die Leute.
Und wie es gar nicht seltsam ist,
Daß oft und gern der Wolf sie frißt,
Ich sag' der Wolf, doch sind nicht alle
Von gleicher Laune, gleicher Art,
Sie sind oft geistreich, witzig, zart
Und aufmerksam zu jungen Damen,
Geleiten gerne sie nach Haus.
Doch ach! Die sanften Wölfe, die gefallen,
Sind die gefährlichsten von allen.

Die Warnfunktion, welche die Brüder Grimm ihrem „Rotkäppchen" gegeben haben, ist also keineswegs außerhalb der

Tradition und nur für Kinder gemacht. Allein bleiben die Brüder allerdings mit dem guten Ausgang des Märchens. In allen Vorfassungen, selbst noch bei Tieck, ist der Wolf der Verschlinger.

Rotkäppchen und der Werwolf

In verschiedenen französischen Fassungen muß Rotkäppchen, bevor es gefressen wird, Fleisch von der Großmutter essen und Blut von ihr trinken. Beides hat der Wolf vorher bereitgestellt. Dieser kannibalistische Zug wird von vielen Forschern für das älteste an diesem Märchen gehalten. In einer Version klagt eine Stimme, als das durstige Kind von dem Blut trinkt:

Du ißt von meiner Brust, Kind,
du trinkst mein Blut.

Dieser kannibalische Wolf könnte als sagenumwobener Werwolf der Ursprung des bösen Wolfes im Rotkäppchenmärchen gewesen sein, und dann in der Folge mehr und mehr abgemildert. Der Umstand, daß im romanischen Raum, vor allem Frankreich, der Werwolf sein Unwesen treibt, wird erst vor dem historischen Hintergrund verständlich. Wie bei uns in vergangenen Jahrhunderten Frauen als Hexen verfolgt wurden, so in Frankreich Männer als Werwölfe. Vor allem im 16. und 17. Jahrhundert ging durch Frankreich eine Prozeßwelle gegen Personen, die angeklagt waren, kleine Mädchen und Knaben verspeist zu haben. So ist es ganz sicher nicht zufällig, daß in der Nähe der Gebiete, wo man Werwölfen den Prozeß machte, noch viele Jahre später grausame Rotkäppchen-Versionen von Volksmund zu Volksmund weitererzählt wurden. Immer aber endet die Erzählung mit dem Tod des Mädchens.

„Ei, Großmutter ...“

Zum Trost für alle Freunde der Grimmschen Rotkäppchenfassung sei gesagt, daß die berühmten Fragen des Kindes an die vermeintliche Großmutter in fast allen, auch alten, Rot-

käppchenversionen vorkommen. Nach einer Interpretation
von A. Calvetti könnten sie als Dialogritual verstanden werden, das zur magischen Zeremonie von Initiationsriten gehört: Wer die großen Beine, Arme, Augen, Ohren, Zähne
zugleich bewundernd und schaudernd beschwört, der wird
nach Verschlingung und Wiedergeburt auch über solche
Körpermerkmale verfügen. Wenn diese Hypothese stimmt,
dann ist es möglich, die Urform der Rotkäppchengeschichte
nicht nur bis zu den Werwölfen, sondern bis zur Frühge-
schichte der Menschheit zurückzuverfolgen. Zur Erinnerung hier der Text bei Grimm:

> „Ei, Großmutter, was hast du für große Ohren!"
> „Daß ich dich besser hören kann."
> „Ei, Großmutter, was hast du für große Augen!"
> „Daß ich dich besser sehen kann."
> „Ei, Großmutter, was hast du für große Hände!"
> „Daß ich dich besser packen kann."
> „Aber Großmutter, was hast du für ein entsetzlich großes
> Maul!"
> „Daß ich dich besser fressen kann."

An dieser Stelle sei noch einmal die zweite Fassung des
Schlusses bei den Brüdern Grimm erwähnt. Wenn es dort
heißt, daß die Großmutter Rotkäppchen hinausschickt, um
Wurstsuppe in den großen Trog zu gießen, damit der auf
dem Dach lauernde Wolf in seiner Gier herabstürzt und sich
in der Suppe ertränkt, dann schimmert die grausige altfran-
zösische Überlieferung durch von der vom Wolf getöteten
Großmutter und seiner Aufforderung, von ihrem Fleisch zu
essen und ihr Blut zu trinken.

Gibt es ein neues Rotkäppchen?

Nach Grimm sind keine bedeutenden Rotkäppchen-Varian-
ten mehr aufgezeichnet worden. Außer bei Ludwig Bechstein. Dessen Märchen ist dem Grimmschen sehr ähnlich,
auch hier wird das Mädchen und die Großmutter gerettet,
den Wolf ziehen die Steine in den Brunnen und er ertrinkt.
Im übrigen ist die Grimmsche Version so gut und kommt offensichtlich dem Anspruch, der an ein Kindermärchen ge-

stellt wird, so sehr entgegen, daß man bis in unsere Zeit
davon zehrt. Sie erreicht den Bekanntheits- und Beliebtheits-
grad, von dem wir eingangs sprachen. Aber alle bekannten
und beliebten Texte haben das gleiche Schicksal. Sie werden
nicht nur in Werbung und in allen Medien kommerzialisiert,
es wird nicht nur im Witz auf sie angespielt, sie werden auch
parodiert. So ist es auch mit Rotkäppchen geschehen. Kein
Märchen ist so viel parodiert worden wie dies.

Hier müssen wir ein wenig innehalten. Denn wir sollten
einige Fragen stellen. Warum hat sich das Märchen nicht
weiterentwickelt wie zuvor? Warum sind nicht neue Erzähl-
versionen gefunden worden wie in der Zeit vor den Brüdern
Grimm? – Der mündliche Erzählprozeß ist nicht mehr gegeben. Das Märchen ist zum Kindermärchen geworden, und
dafür war die Grimmsche Fixierung ausreichend. Das alles
leuchtet ein. Aber es ist auch einmal gesagt worden: Märchen
können nur in einer heilen Welt der Liebe entstehen. Vielleicht trifft diese Antwort zu. Eine rationale Epoche der Wis-
senschaftsgläubigkeit erschafft keine Märchen. Höchstes
Parodien.

Das elektrische Rotkäppchen und andere Parodien

Je einfacher ein Märchen ist, desto leichter und vielseitiger
ist es zu parodieren. Parodien sind normalerweise Erwachse-
nenkost und nichts für Kinder, solange ihnen Ironie noch
fremd ist. Trotzdem hat es Janosch versucht in seinem Buch:
„Janosch erzählt Grimm's Märchen" (Verlag Beltz & Gelberg, Weinheim).

Hier das Beispiel, in dem in Blödelmanier Adjektive durch
„elektrisch" ersetzt sind:

Es war einmal eine süße elektrische Dirn, die hatte jedermann elektrisch lieb, am liebsten aber ihre elektrische Großmama. Sie wußte
gar nicht, was sie alles dem Kind geben sollte. Einmal schenkte sie
ihm ein elektrisches Käppchen von rotem Samt. Und weil es ihm so
gut stand, daß es gar nichts anderes mehr tragen wollte, hieß es
das „elektrische Rotkäppchen".

Und so weiter. Es geht alles seinen Grimmschen Gang, nur
eben elektrisch. Das Wort ist in einem angehängten „Rot-

käppchenspiel" auch durch andere Wörter zu ersetzen: „ka-
riert", „durchsichtig" oder auch „moralide". Ob es Kinder
gibt, die so etwas lustig finden?
   Interessantere Parodien gibt es für Erwachsene. Sie sind
zusammengestellt in dem hier benützten Büchlein von Hans
Ritz: Die Geschichte vom Rotkäppchen. Ursprünge, Analy-
sen, Parodien eines Märchens (Muriverlag Göttingen) und
in Jack Zipes: Rotkäppchens Lust und Leid (Verlag Diederichs, Köln). Namen wie Tomi Ungerer, Joachim Ringelnatz, Iring Fetcher sind da zu finden, aber auch „Rotkäppchen im Nationalsozialismus", „Auf Amtsdeutsch" (Theologisch, Reklamedeutsch), „Rotkäppchen in der Szene" (in der
DDR) usw. Immer wieder wird Rotkäppchen verwandelt.
Sie heiratet den Jäger und wird Frau Oberförsterin, sie macht
sich als Junger Pionier auf in den Wohlblock des Veteranen-
clubs. Der Kreisjägermeister darf nach getanem Werk einen
goldgestickten Wolf an der Uniform tragen, oder aber die
Großmutter wird (wie bei Ringelnatz) zur Heldin der spaßig
verdrehten Geschichte – ein in der Mythologie einer matriar-
chalen Kultur übrigens altartiger Gedanke.

Der Tod des Mythos?

Rotkäppchen wird parodiert, Rotkäppchen wird aktualisiert.
In antiautoritären Versionen verweigert es den Dienst an der
Oma, und selbst der böse Wolf, der gewesene Werwolf, wird
erst lieb, dann zum Softie, dann zum Dattergreis. Sind dem-
nach alle mythischen Bezüge verlorengegangen?
   In der Lyrik finden sich noch ernsthafte Aktualisierungen
Grimmscher Märchen – Hineinnahmen ihrer Botschaft in
die Jetzt-Zeit. Dorther stammt auch das nachstehende Gedicht, das nur scheinbar salopp ist und entmythologisiert.
Die Gefährlichkeit der Hauptperson, des Wolfes, und der
unterschwellige Eros wurden weitertransportiert.

Der alte Wolf
Der Wolf, jetzt altersfromm und brav,
als er Rotkäppchen nochmals traf,
sprach: „Unerhört, mein liebes Kind,
was Fabeln da im Umlauf sind!

Als gäbe es, so geht die Märe,
gar eine dunkle Mordaffäre!
Schuld sind allein die Brüder Grimm.
Gesteh! War es nicht halb so schlimm?"

Rotkäppchen sah des Wolfs Gebiß
und stammelte: „Gewiß, gewiß."
Worauf der Wolf, vieltausendmal
die Oma grüßend, sich empfahl.

(Rudolf Otto Wiemer, aus: „Mädchen, pfeif auf den Prinzen!"
Eugen Diederichs Verlag, Köln)

Märchenformen des 20. Jahrhunderts

Und jetzt sind wir mit einem Sprung mitten im 20. Jahrhundert. Bleiben wir dort. Es ist unseres. Vielleicht macht es uns keinen Spaß, zu sehen, was inzwischen aus dem Märchen alles geworden ist. Wer sich daher seine schönen Illusionen nicht nehmen lassen will, der läßt dieses Kapitel einfach aus. Doch halt! Vorher möchte ich ihm noch etwas sagen. Wir müssen unsere Zeit mitgestalten, jeder von uns, erst recht, wenn wir mit Kindern zu tun haben. Aber dafür sollten wir unsere Zeit auch kennen.

Die Forschung

Psychologie

Fangen wir mit einem neutralen Thema an. Die Forschung interessiert sich natürlich mit unverminderter Neugier für das Märchen. Nur haben sich die Interessengebiete verlagert. Ganz stark liegt das Interesse heute bei der Psychologie. Das ist sehr hilfreich, doch damit ist natürlich die Gefahr der Einseitigkeit gegeben. Auch beschäftigt sich der Psychologe mit dem gegenwärtigen Leben des Märchens, wo dies doch – wie wir bei „Rotkäppchen" gesehen haben, häufig gar nicht seine urtümliche Form ist. Durch wie viele Hände, Münder ist es indes gegangen, und alle haben ihre Spuren hinterlassen! Merken wir uns: Jede psychologische Interpretation ist ernstzunehmen, jedoch keine ist die Alleingültige.

Volkskunde und Soziologie

Die Volkskunde hat dafür gesorgt, daß trotz der Psychologie die Forschung nach Form und Wesen des Märchens weiterhin im Zentrum bleibt. Max Lüthi ist hier zu nennen mit den Ergebnissen, die wir schon hörten, Lutz Röhrich mit seiner besonderen Stärke für kulturgeschichtliche Fragestellungen. Auch wurde von Antti Aarne ein Typensystem geschaffen, das einen Überblick gibt und die weitere Forschung erleichtert. Neu ist die soziologische Forschung und entspricht durchaus dem Interesse, das dieses Fach heute auf alle Gebiete richtet. Für sie ist weniger der Text wichtig als der Kontext, das heißt, man will jetzt wissen, unter welchen Umständen ein Märchen wann, wo und welchen Leuten erzählt worden ist. Vor allem aber ist es die Person des Erzählers, die interessiert (den gibt es noch in der alten Form, wenn auch kaum mehr bei uns). Mit welcher Mimik, welcher Gestik begleitet er seine Märchen, und inwieweit werden sie verändert durch die Resonanz der Zuhörer?

Wie steht es heute um das Märchen?

Das meiste überlieferte Gut ist erfaßt, katalogisiert und in häufig sehr schönen Buchausgaben zugänglich. Hinzu kommen neu erfaßte Märchen aus dem europäischen und außereuropäischen Raum, fleißig gesammelt, oft auch von Gastarbeitern hierher gebracht. Auch sie werden gedruckt und bereichern und ergänzen unseren Märchenschatz. Zu nennen ist da vor allem die Sammlung Diederichs, Düsseldorf, herausgegeben von Friedrich von der Leyen. Sie wird laufend um Volksmärchen aus jeweils einem anderen Land erweitert. Wollen wir also überhaupt noch neue Märchen haben?

Ja. Der Bedarf an Märchen hält erstaunlicherweise an. Nicht nur für Kinder, sondern auch für Erwachsene. Welche Wellen des Entzückens löste etwa seinerzeit und löst noch heute „Der kleine Prinz" von Saint-Exupéry aus! Er wurde neuerdings tiefenpsychologisch gedeutet von Eugen Drewermann mit dem Titel „Das Eigentliche ist unsichtbar". Ein

Kunstmärchen, das in seiner Einfachheit und verborgenen Weisheit dem Volksmärchen sehr nahe kommt. Damit sind wir bei dem „Kunstmärchen" angelangt.

Neue Formen des Kunstmärchens

Das Kunstmärchen, Erbe des romantischen und nachromantischen Märchens, tritt in unserer Zeit stark in den Vordergrund. Das ist verständlich. Eine Zeit, die keine lebendig wirksamen Erzählgemeinschaften mehr hat, dafür viele Dichter, bringt begreiflicherweise Kunstmärchen hervor. Also selbstgeschaffene Märchen, auch wenn sie Requisiten oder Motive des Volksmärchens zu Hilfe genommen haben. Das Erstaunliche ist, daß die Definition „Kunstmärchen", wie sie das 20. Jahrhundert übernommen hat, heute nicht mehr stimmt. Die von einem Dichter geschaffene Andere Welt, nach der offenbar in unserer Zeit zunehmender Bedrohung beim Leser ein großes Verlangen besteht, hat sich in vielerlei, oft überraschende Formen aufgefächert.

Die Phantastische Geschichte

Die Erzählgattung ist noch nicht alt. Sie taucht zum erstenmal in der Romantik bei E. T. A. Hoffmann auf und ist typisch für eine aufklärerische Zeit, welche die reale und die überreale Welt fein säuberlich voneinander trennt. Die Phantastische Geschichte spielt als Einweltengeschichte heute vor allem bei Kindern eine sehr große Rolle, weil diese, wie schon unsere Ahnen vor der Aufklärung, die beiden Welten nicht unterscheiden und „eindimensional" leben. Solche Geschichten sind dem Märchen sehr verwandt, haben aber mehr zeitbezogene und heiter-skurrile Elemente. Ein Beispiel für diese Gattung ist etwa die Kindergeschichte von Preußler: „Die kleine Hexe". Sie spielt in einer durchgängig phantastischen Welt.

Pikanter sind die Zweiweltengeschichten für größere Kinder unseres aufgeklärten Zeitalters, wo der Wechsel von der einen in die andere Welt lustvoll erlebt wird. Diese Form der Phantastischen Geschichte ist dem Märchen nur entfernt verwandt. Sie transportiert keine Realität wie das Märchen, sondern spielt mit ihr: Ein eigentlich intellektueller Vorgang, bei dessen faszinierendem Hin und Her das lesende Kind ganz schön manipuliert werden kann. Also Vorsicht damit. Erst prüfen. Als Beispiel für diese Form sei Nöstlinger: „Konrad oder das Kind aus der Konservenbüchse" genannt, das ganz im Dienst des antiautoritären Gedankens steht.

Beide Formen der Phantastischen Geschichte haben aber doch etwas Wesentliches mit dem Kunstmärchen der Romantik gemeinsam. Auch sie wollen durch die Begegnung mit der Anderen Welt (bleiben wir bei diesem Begriff) die geheimen, oft verschütteten Kräfte des Menschen wieder zum Leben erwecken.

Mythen

Mehr an größere Kinder und Jugendliche gerichtet sind die Neuen Mythen. Um die bekanntesten Werke zu nennen: Michael Ende: „Die Unendliche Geschichte". Vom selben Autor: „Momo". Käthe Recheis: „Der Weiße Wolf". Tolkien: „Der kleine Hobbit". Mythen sind antiker Herkunft, handeln von Göttern, Heroen und Fabelwesen, und haben eigentlich eine religiöse Funktion. Auch die Neuen Mythen haben eine religiöse Funktion im weitesten Sinn. Es geht meist um eine Erwählung und Sendung und letztlich um Erlösung. Märchen sind das keine mehr, so sehr das Märchenhaft-Wunderbare vorzuherrschen scheint. Märchen waren ja gerade „die Befreiung der Phantasie von ihrer mythischen Rückkopplung, die erste, älteste Antwort des Menschen auf den mythischen Terror, auf die Urangst" (Dienstbier). Der große Bedarf nach Mythen in unserer Zeit deutet darauf hin, daß der junge Mensch aufklärungsmüde ist nach Vorschulerziehung und Sachbuchboom, und daß er unseren hohen technischen Status als Bedrohung wahrnimmt. So ist der junge Mensch bereit, unsere Welt wieder zu retten, wenn auch nur auf der Ebene der Anderen Welt. Zu Hilfe kommt ihm dabei ein weit verbreiteter Irrationalismus, dem ein ihm zum Problem gewordener christlicher Glaube Platz gemacht hat.

Fantasy

Einfacher und ohne diese zwingende Botschaft sind dagegen die Fantasy-Romane. In dieser ursprünglich englischen Gattung sind die Wesen der Anderen Welt unter sich, liebend, abenteuernd und sich bekriegend. Das ist Stoff für Jugendliche, wobei man achtgeben muß: das Triviale lauert. Mit dem Märchen hat Fantasy verdächtige Ähnlichkeiten, gibt es doch Kobolde, Zwerge, Feen und sonstige Märchen- und Sagengestalten. Auch die Szenerie täuscht häufig einen Raum der Natur vor, der dem des Märchens sehr ähnlich sieht. Gerne werden die Hauptgestalten heroisiert, was unbedingt zu unterscheiden ist von der Bewährung des echten Märchenhelden. Vorerst sind Fantasy-Geschichten für Erwachsene und Jugendliche meist Übersetzungen aus ihrer englischen Heimatsprache, was auch eine gewisse Garantie für Schwarzen Humor bedeutet. Hier ist alles Unterhaltung, Abenteuer, Bilderwelt. Verstand hat da nichts zu suchen.

Science fiction

Bitte, fallen Sie nicht vom Stuhl: Man sagt, die Science fiction (kurz SF genannt) sei eine aufgeklärte Form des Märchens. Mit dem Kindermärchen allerdings hat es nichts zu tun. Beiden gemeinsam ist der unterschwellige Realitätstransport. Beim Märchen ist es Menschheitswissen, bei der SF ein Wirklichkeitsanspruch hohen Grades, als ob so und nicht anders unsere Welt sich in Zukunft entwickeln könne. Hier wie dort wird auf alte Bilder zurückgegriffen. Hier wie dort drängt das Böse die Welt aus dem Gleichgewicht, es erfolgt eine Reaktion des Guten, und das Gleichgewicht ist zumindest wiederhergestellt, wenn nicht sogar um vieles besser. Hier wie dort machen die Helden keine charakterliche Entwicklung durch, und es herrschen Typen vor. SF-Geschichten greifen auf frühkindliche, aber auch menschheitsgeschichtlich frühe psychische Muster zurück, die sie lediglich mit reichhaltigem technischem oder psychologischem Komfort ausstatten. Dem „Es war einmal" steht das „Es wird einmal sein" gegenüber. Auch in der Funktion unterscheiden sich die beiden Gattungen voneinander. Die des Märchens kennen wir schon. SF will unterhalten, schocken, im besten Fall Lösungen für die Zukunft anbieten und ein Problembewußtsein schaffen.

Märchen und Comic

Interessant ist, wie sich der Comic des Märchens bemächtigt hat. Natürlich ist er – wie jede Ware – auf möglichst sicheren Absatz aus. Da sind ihm populäre Lesestoffe wie das Märchen gerade recht. Warum auch nicht? Das Medium der Bildergeschichte ist von seiner Konstruktion her offen für die Übernahme jeglicher denkbarer Erzählinhalte. So hat sich der Comic der Sage, des Epos und der Mythen bemächtigt. Ähnlich geschah es im 19. Jahrhundert mit dem Bilderbogen, später mit den Disney-Filmen: Märchen als Erfolgsrezept.

Die Heldenfiguren der Abenteuer-Comics wurden nach Vorbildern aus Sage und Mythologie geschaffen und ihnen bis in Einzelheiten nachempfunden. Was dem Superman seine Anfälligkeit gegen Kryptonit ist, das ist dem Achill seine Ferse, dem Siegfried seine Lindenblattstelle. Die modernen Abenteuerstrips haben die traditionellen Erzählstoffe klammheimlich in sich aufgenommen. Diese Superhelden erfüllen für die heutige Welt die gleiche Funktion wie Märchen, Legenden und Sagen für frühere Generationen.

Mehr noch der Ähnlichkeiten. In zahlreichen modernen Zeichenserien sind Märchenmotive und Märchenrequisiten wiederaufzufinden. So hat der Zaubertrank des Obelix seine Ahnen im Märchen, auch Tarnkappe, Siebenmeilenstiefel, Zauberring und Zauberwaffen. Aufgrund solcher Gemeinsamkeiten hat man die Comics auch schon „Mythen des Alltags" genannt. Die Schöpfer der Comics selbst sind davon überzeugt, die Mythologie des 20. Jahrhunderts geschaffen zu haben und glauben daran, ihre Produkte seien die Märchen unserer Tage: „Comics sind die Nachfolger der alten Märchen, sie übernahmen deren Funktion."

Gemeinsamkeiten zwischen Märchen und Comic

Welche Gemeinsamkeiten gibt es zwischen dem Märchen und dem Comic? Zuerst einmal gibt es übereinstimmende Strukturen von europäischen Zaubermärchen und Abenteuer- oder Superhelden-Comics, als da sind: Abstrakter Stil, Flächenhaftigkeit, Isolation und Allverbundenheit der Märchenhelden. Weiterhin fällt als Parallele die Unsterblichkeit auf: Wer hat je einen toten Superman, einen toten Donald Duck gesehen? Wer einen toten Märchenhelden? Interessant ist auch die gleichartige Behandlung des Erotischen. Es ist gleichsam weggebannt in eine höhere Sphäre: Sigurd, der strahlende, keusche. Ebenso verhält sich das Märchen. Selbst wenn der Held schließlich mit seiner jungen Frau im Bett liegt, geschieht nichts, rein nichts. Das Märchen bleibt flächenhaft und diskret.

Im Märchen wie im Comic „klappt alles", wie Max Lüthi sagt. Zahlreiche Abenteuer-Strips lassen sich auf die gleichen Grundmuster zurückführen, wie wir sie vom Märchen her kennen, etwa die klischeehafte Abfolge vom Sieg des Guten über das personifizierte Böse. Und in beiden Gattungen sind die Episoden präzise ineinander verzahnt: Der Comic-Held erscheint im genau richtigen Zeitpunkt auf der Szene, im letzten Augenblick wird er Katastrophen verhindern, wie es auch im Märchen geschieht. Oder hat je einer daran gezweifelt, daß das tapfere Schneiderlein Riesen, Einhorn und Schwein besiegen wird?

Die Helden der Comics sind immer herausragende Vertreter der Gattung Mensch, ideale Projektionen für den Leser, vollendet an Schönheit und Kraft, von ungewöhnlicher Herkunft oder Geschichte und mit Gaben ausgestattet, die sie weit über den Normalmenschen erheben. Während ich dies schreibe, habe ich immer Superman vor Augen, gleichzeitig aber auch die Königssöhne des Märchens, die ausziehen, etwa um das Wasser des Lebens zu holen.

Unterschiede von Märchen und Comic

Und nun zu den Unterschieden. Im Märchen wird dem Helden Gerechtigkeit oder Glück zuteil, etwa durch jenseitige

Helfer oder durch Menschen. Im Comic ist es der Held selbst, der Gerechtigkeit schafft. Dazu wurde er mit seinen Super-Fähigkeiten ausgestattet. Der Hauptunterschied liegt beim Märchen in der Abgeschlossenheit der Lebensläufe, während die Comic-Helden von einer unerschütterlichen Lebendigkeit sind. Warum? Dahinter steckt der ökonomische Zwang zur jahrzehntelangen Fortsetzung der einzelnen Serien. Außerdem wird von bestimmter Seite vermutet, daß die Leidens- und Sterbeunfähigkeit des Comic-Helden durch die Erwartungen der Leser bedingt ist und ihre eigene Unfähigkeit, mit Leid und Tod fertigzuwerden. Die Handlung des Märchens bewegt sich hin zur endgültigen Problemlösung durch den Märchenhelden und damit zu seiner Eigenverwirklichung. Ein typisches Merkmal des Comic dagegen ist seine Endlosigkeit. Er erreicht immer nur ein Teilfinale, was durch seine Form als Fortsetzungsgeschichte bedingt ist. Eigentlich ist der Comic-Held ein moderner Sisyphos, der nach jedem Erfolg immer wieder von vorn anfangen muß. So kommt es, daß er nie zu einem Glück findet, während der Märchenheld schließlich in der Erfüllung steht.

Vermittlungsformen von Märchen und Comic

Als Letztes sei noch auf die Bedeutung der unterschiedlichen Vermittlungsformen hingewiesen. Das Märchen kommt aus der mündlichen Tradition, während der Comic von Anfang an ein kommerzielles, schriftliches Massenmedium darstellt. Das Märchen wurde erzählt. Es gab auf der einen Seite einen Erzähler und auf der anderen ein Publikum. Beim Erzählen wird nicht nur auf das Alter, das Geschlecht oder die Stimmung Rücksicht genommen, es schließt auch die Möglichkeit direkter Kommunikation mit ein. Text, Gestik und Mimik können gewandelt, angepaßt werden. Beim Konsum von Massenlesestoffen ist das unmöglich. Der Leser – welchen Alters auch immer – ist mit dem von ihm erworbenen Comic alleingelassen. Es besteht keinerlei Veränderungsmöglichkeit, vom Leser wird Einverständnis vorausgesetzt. Dieses Einverständnis bindet den Leser an weitere Fortsetzungen der gleichen Serie. Daß es zu diesem Einverständnis kommt, dafür wird von seiten der Comic-Produktion ausreichend Marktforschung betrieben.

Aktualisierungsformen des Märchens

Bis jetzt haben wir unter dem vorsichtigen Sammelbegriff „Kunstmärchen" Literaturformen des 20. Jahrhunderts, die hineinreichen in die Anderswelt, mit dem Märchen verglichen und geprüft, ob sie etwa einen Ersatz darstellen wollen oder können. Daneben aber ist das Volksmärchen durchaus nicht tot, es ist lebendiger denn je. Es ist so geläufig, daß man das mit ihm tut, was das Schicksal aller bekannten klassischen Texte, von Bibelzitaten, von Werbeslogans und Schlagern ist: Man spielt mit ihm. Man verändert es nach Belieben. Das kann ein Prozeß der Pädagogik sein, aber auch ein intellektueller Spaß für Große, eine Parodie.

Ist Aktualisierung von Märchen erlaubt?

Das Märchen schlechthin, das gibt es nicht, etwa in Form der Grimmschen Vorbilder, so schön sie für Kinder sind. Das Märchen wird immer etwas Lebendiges sein und sich anpassen und verändern, in andere Medien überwechseln, gerade weil es einem Urbedürfnis des Menschen entspricht. Dabei erweist es sich von so robuster Natur, daß es die rabiatesten Veränderungen übersteht.

Durchaus harmlos und ganz im Sinne der mündlichen Tradition sind Wortanpassungen, wie mir etwa eine Erzieherin berichtete. Sie erzählte den Kindern nicht von den originalen „Läuschen und Flöhchen" (die diese gar nicht mehr kennen), sondern von Mäuschen und Vögelchen. Warum nicht? Laute und Rhythmus sind gewahrt und das Vorstellungsbild der Kinder auch.

Jedoch wollen wir uns jetzt mit dem befassen, was wir oben „rabiate Veränderungen" nannten, und uns darüber ein Urteil zu bilden versuchen. Das sind speziell die Tonmedien und die Parodie. Das Märchen kann und soll in die heutige Zeit gestellt werden, wie sie nun einmal ist. Es enthält Realität, und diese Realität muß transportiert werden in der Sprache der jeweiligen Zeit. Auch sie hat ein Recht auf Anteil am Menschheitswissen. Wäre die jahrhundertealte Überlieferung lebendig geblieben, wäre dasselbe passiert. Die Brüder Grimm haben durch ihre sorgfältigen Aufzeichnungen die Volksmärchen gerettet, aber auch fixiert. Damit bleiben sie erhalten auf Kosten einer Versteinerung. Jedes Kind beharrt heute bei wiederholendem Erzählen auf der wörtlichen Wiedergabe „seines" Märchens. Doch das Märchen hat sich seine Lebendigkeit erkämpft. Und sei es in Comic und Parodie. Von den Tonmedien ganz zu schweigen.

Parodie

In der Kinderliteratur gibt es einige Anthologien und Bücher, welche die Märchen, speziell der Grimms, originell erweitern und bearbeiten.

Die bekanntesten Parodien sind dabei wohl „Janosch erzählt Grimm's Märchen". Das Buch enthält gelungene und mißlungene Beispiele. Als mißlungen erscheint mir die Geschichte vom „elektrischen Rotkäppchen", die alle vorkommenden Adjektive durch „elektrisch" ersetzt, wie wir schon im Kapitel über Rotkäppchen sahen (vgl. S. 120). Das ist in seiner Stereotype witzlos und albern und stempelt das Märchen als abgedroschen, während es doch in Wirklichkeit immer noch eines der beliebtesten ist. Als gelungen in diesem Buch betrachte ich beispielsweise „Das Lumpengesindel". Hier ist alles in die heutige Zeit transponiert: Hahn und Henne sind elegant gekleidet, fahren Straßenbahn, und auf dem Wochenmarkt kaufen sie Nüsse. Doch das Wesen dieses Schelmenmärchens läßt Janosch nie aus den Augen (es ist auch zu reizvoll!): Wohin sie auch kommen, haben die beiden nichts als Dummheiten im Sinn, und durchaus nicht die harmlosesten. Sie fahren schwarz, ekeln eine alte Ente von ihrem Straßenbahnplatz, saufen einem Mann das Bier weg, prellen auf dem Heimweg noch den Taxifahrer um seinen Lohn und stechen ihn dazu mit der Stopfnadel in den Hintern. So ein Lumpengesindel.
Der Zug zur Intellektualisierung des Märchens, der auch bei Janosch nicht zu verkennen ist, wirkt sich natürlich ganz besonders in den Parodien für Erwachsene aus. Bekanntheit und Struktur der Märchen fordern das geradezu heraus. Oftmals halten sich Ideolo-

gien dahinter versteckt: Klassenkampf bei Wächters „Tischlein deck dich", Sozialkritik bei Janosch allgemein, Feminismus bei Claudia Schmölders, Emanzipation bei O. F. Gmelin.

Zugabe?
Ich würde gerne
über Dornröschen
von einer weiteren Geschichte erzählen.
Doch die schlummert noch in mir,
und ich möchte und möcht' sie nicht wecken.

So zu lesen bei Mathias Richling: „Ich dachte, es wäre der Froschkönig" (Spectrum Verlag Stuttgart). Eine Sammlung von recht gescheitem Hintersinn, der sich hinter Blödeleien versteckt.

Am bekanntesten sind die Parodien von Iring Fetscher: „Wer hat Dornröschen wachgeküßt" (Fischer TB Frankfurt). Hier werden dreizehn der bekanntesten deutschen Märchen erzählt, und zwar so, daß sie in einem völlig neuen Licht erscheinen. Nachfolgend eine kleine Kostprobe:

Die Geiß und die sieben jungen Wölflein
Das Märchen vom „Wolf und den sieben Geißlein" offenbart das Tier als hinterlistig, heimtückisch und böse. Unter Benützung werbewirksamer Verpackung (Verkleidung) und Verstellung täuscht das Tier die arglosen Geißlein über seine böse Absicht. Nicht animalischer Heißhunger charakterisiert den Wolf, sondern seine anthropomorphe Hinterlist. Die Vermutung lag nahe, daß es sich bei dem bekannten, von den konservativen Brüdern Grimm überlieferten Märchen um ein Fragment handelt, dessen erster, verlorener (oder unterdrückter?) Teil Auskunft über die Gründe dieser wölfischen Charakterdeformation gegeben haben müßte. Ausgehend von dieser plausiblen Hypothese, ist es nun einem namhaften Volkskundler – offenbar progressiver Orientierung – in der Tat gelungen, aus wenigen verstreuten Details diesen ersten, verloren geglaubten Märchenteil zu rekonstruieren.

Und so weiter. Das Märchen wurde zum intellektuellen Spaß und suggeriert eine vordergründige Realität. Das kann schon mal ein guter Witz sein auf Kosten eines Allgemeingutes.

Ein Glanzstück der Parodie lieferte uns vor einigen Jahren Hans Traxler mit „Die Wahrheit über Hänsel und Gretel". Eine Dokumentation des Märchens der Brüder Grimm (Rowohlt TB Reinbek). Hier wurden mit Hilfe detaillierter geographischer Karten, archäologischer Funde sowie soziologischer und historischer Untersuchungen die wahren Hintergründe des Märchens der Brüder Grimm aufgedeckt. Viele Menschen pilgerten aufgrund dieses Buches zur vermeintlichen archäologischen Stätte. Natürlich war das nichts als ein grandioser literarischer Jux. Aber spricht er nicht für die Beliebtheit des Märchens? Dafür, daß man ihm Realität zugesteht, auch wenn sie nicht mehr faßbar ist? Ich glaube nicht, daß man jemanden verlocken könnte, zur Stätte von „Peterchens Mondfahrt" zu ziehen.

Der Wolf und die sieben Geißlein
Mutter geht.
Wolf steht
auf der Lauer,
ziemlich sauer.
Geißlein sagen: „Nein,
wir lassen dich nicht rein.
Mutter hat's verboten"!
Wolf mit weißen Pfoten
spricht ganz gemein:
„Bin's Mütterlein"!
So öffnen ihm die Geißenjungen
und werden sogleich vom Wolf verschlungen.
Großes Geschrei.
Alles vorbei.
Moral:
Ein Wolf bleibt ein Wolf, denke daran,
hat er auch weiße Handschuhe an.

So parodiert Rolf Krenzer das bekannte Märchen in: „Mädchen, pfeif auf den Prinzen" (Diederichs Verlag Köln). Das alles scheint uns sehr modern und für unser Jahrhundert typisch zu sein. Doch das ist es keineswegs. Die Forschung findet immer wieder Märchenerzähler, die ihr Publikum absichtlich an der Nase herumführen. Ja, es gehört zu den Erzählgewohnheiten vor allem vieler Wandererzähler. Das Publikum soll dabei unsicher werden, ob es sich um eine heitere oder traurige Geschichte handelt. Lacher werden streng gerügt und gerührte Zuhörer durch überraschende Wendungen trauriger Begebenheiten ins Groteske verspottet. Jedenfalls zeigt die Aktualisierung der Märchen in der Parodie einerseits die ungebrochene Kraft der alten Sinnzusammenhänge, andererseits aber auch die vielschichtige Möglichkeit zu Mißdeutungen.

Doch nicht nur in spaßiger Weise werden heute Märchen aktualisiert, sie werden es auch in literarischen Kunstformen. Hier ein
Gedicht von Marie Luise Kaschnitz:

Bräutigam Froschkönig

Wie
Häßlich ist
Dein Bräutigam
Jungfrau Leben

Eine Rüsselmaske sein Antlitz
Eine Patronentasche sein Gürtel
Ein Flammenwerfer
Seine Hand

Dein Bräutigam Froschkönig
Fährt mit Dir
(Ein Rad fliegt hierhin, eins dorthin)
Über die Häuser der Toten

Zwischen zwei
Weltuntergängen
Preßt er sich
In Deinen Schoß

Im Dunkeln nur
Ertastest Du
Sein feuchtes Haar

Im Morgengrauen
Nur im
Morgengrauen

Erblickst Du seine
Traurigen
Schönen
Augen.   (Aus: „Mädchen, pfeif auf den Prinzen")

# Märchen auf Schallplatten

Grundsätzliches

Wir haben nun viel über das Märchen gesprochen, und man könnte meinen, wir seien am Ende. Der immense Märchenvorrat könnte reichen, um einer ganzen Zukunft geistige Nahrung zu geben. Aber so ist das nicht. Das Märchen lebt weiter. Heute, in einem Zeitalter der Medien, taucht es auch dort auf und entfaltet schöne und häßliche Gebilde. Übrigens in solcher Fülle, daß sehr viele Kinder die Märchen gar nicht mehr anders kennenlernen.

Zuerst etwas Grundsätzliches. Wenn heute vielfach eine Aversion gegen Märchen in den neuen Medien laut wird, so sollte man dem entgegenhalten, daß ja auch seinerzeit das Buch ein neues Medium gewesen ist. Was mag sein Auftreten ausgelöst haben, als es mehr und mehr das Erzählen ablöste? Und nun kommen heute wieder neue Medien auf uns zu, gleich in großer Zahl: Radio, Schallplatten, Tonkassetten, Film, Fernsehen, Video – ein bißchen viel auf einmal. Und doch, zumindest in den drei erstgenannten Medien ist die Akustik wieder da, das darf nicht übersehen werden. Die akustische Phantasie wurde nämlich mit Rückgang des Erzählprozesses vernachlässigt. Bilder, die sich beim Hören einstellen – wir sollten sie pflegen. Insofern könnten die Tonmedien durchaus Positives enthalten. Vorausgesetzt, sie sind gut. Und um das beurteilen zu können, wollen wir uns intensiver mit ihnen beschäftigen, vor allem mit der Schallplatte oder Kassette und ihren verschiedenen Möglichkeiten, Märchen darzubieten.

Situation der Kassette heute

- Nach dem Buch ist die Kassette heute die größte Vermittlerin von Märchen.
- Märchenplatten und -kassetten bilden innerhalb des Gesamtangebotes an Kinderkassetten die größte Gruppe. Sie sind das finanzielle Rückgrat der Produktionsfirmen.
- Das Angebot der großen Firmen, die auf Nummer Sicher gehen, konzentriert sich auf etwa dreißig Märchen (meist Grimm oder Andersen).
- Märchen werden wie jede andere literarische Textart produziert. Das bedeutet, daß auf die speziellen Gegebenheiten des Märchens keinerlei Rücksicht genommen wird.
- Neben den Firmenkatalogen gibt es noch keinen regelmäßigen, übergreifenden und wertenden Gesamtkatalog für Märchen. Seit 1981 gibt es einen allgemeinen Schallplattenkatalog des „Dt. Kinder- und Jugendschallplattenpreis", der aber nicht speziell für Märchen geschaffen wurde.
- Es muß ein Problembewußtsein für die Wiedergabe von Märchen auf Kassetten (Platten) geschaffen und Kriterien entwickelt werden. Nur so kann indirekt Einfluß auf die Produktionsfirmen genommen werden.
- Kassetten-Titel sagen nichts aus über die Qualität der Umsetzung ins Hörmedium.
- Es sind viele gute Kräfte am Werk, um das Niveau der Kinder- und auch speziell der Märchenkassette zu verbessern.

Märchen auf Kassetten

Sind Märchen auch auf Kassetten ein „Schlüssel zur Welt"?

Zuerst: Daß Märchen ihrem Wesen nach in die lebendige Erzählgemeinschaft gehören, wissen wir alle. Daß sie „Menschheitswissen" transportieren, wissen wir auch. Die Erzählgemeinschaften aber existieren nur noch in Institutionen oder im intimsten Kreis. Das Menschheitswissen bleibt. Bleibt es auch, wenn es aus der Erzählgemeinschaft gelöst und in einem neuen Medium verobjektiviert wird? Das ist die entscheidende Frage. Natürlich haben Märchen ausreichend Stoff, Spannung und erlebnishafte Handlung, um auch ohne „mythischen Ballast" auszukommen. Aber: Sind es dann noch Märchen?

Das erzählte Märchen

Felicitas Betz hält in „Märchen als Schlüssel zur Welt" Märchen für ein

notwendiges Element zur Unterstützung der (kindlichen) Entwicklung, heute mehr als je zuvor. Denn es geht darum, der Vermassung ins Seelenlose entgegenzuarbeiten. Je stärker die Kinder schon frühzeitig rational-intellektuell gefördert werden, umso wichtiger wird es, das Gegengewicht in der Seelentiefe zu aktivieren, damit die Spannung zwischen klarer Bewußtheit und dem Bildarsenal im Vor- und Unbewußten als befruchtendes Element erhalten bleibt. Die Märchen aber verwenden eine Bildsprache, welche diese Bilder in der kindlichen Seele weckt und belebt. (S. 8)

Für besonders wichtig hält die Autorin das Märchen in dem von uns angesprochenen Alter, also etwa zwischen dem vierten und dem siebten Lebensjahr. Hier entwickle das Kind eine ausgesprochen „phasenspezifische Sensibilität" für das Märchen. Und jetzt kommt die große Frage: Diese hintergründigen Zusammenhänge, in Bild und Symbol ausgedrückten Menschheitserfahrungen – stellen sie auch noch auf der Kassette eine geistige Kost für unsere Kinder dar, die genau ihren Bedürfnissen entspricht?

Darbietungsformen

Heute können wir die auf dem Markt befindlichen Märchenplatten und -kassetten in vier große Gruppen einteilen:

1. Märchenlieder
2. Die epische Erzählweise
3. Die Hörfolge
4. Das dramatische Märchenhörspiel

Der größte Teil der Kassetten fällt unter die Gruppe vier.
Leider. Märchen in epischer Form sind verhältnismäßig selten, jetzt allerdings wieder im Kommen, wie ein Beispiel zeigen wird. Die Grenzen der Gruppe zwei zur epischen oder
dramatischen Form sind vielfach fließend. Unter den neueren Versuchen gibt es allerdings Beispiele, die nur schwer in
unsere Aufgliederung einzuordnen sind.

Märchenlieder

Am leichtesten tun wir uns bei Märchenliedern. Das sind
Märchen in Liedform, deren Wert wir ohne besondere Kriterien mit gesundem Geschmack meist selbst leicht beurteilen
können. Als Beispiel:

> Hans Poser: Märchenlieder & Songs für Kinder. Fidula-Verlag
> 5407 Boppard

Eine geglückte Kassette, weil sie – fernab von jeder Nostal-
gie und Kitsch – die Kinder dort erreicht, wo sie gerade stehen, nämlich hier und jetzt.
   Märchenlieder dürfen allerdings nicht die erste Begegnung eines Kindes mit dem Märchen sein, sondern sie sind
für die wiederholende Begegnung mit dem Vertrauten gedacht. Dann, wenn es bereits zum geistigen Besitz geworden
ist.

Die epische Erzählweise

Auf der Suche nach möglichst märchengerechter Gestaltung
von Kassetten hat man in der Vergangenheit mehrfach versucht, Schauspieler zu engagieren oder Märchenerzähler in
ihrer schlichten Form Texte sprechen zu lassen, ohne irgend-
welches musikalische Beiwerk. Natürlich ist das nicht dasselbe wie mündliches Erzählen. Es fehlt der „Schoß der
Mutter", Möglichkeiten der Veränderung, Rückfrage – wir
wissen schon. Denn mit der Sprache allein – so erkannte man
– ist das Märchenerzählen nicht getan. Es gehören Gestik
und Mimik dazu, außerdem eine stimmungmachende Atmosphäre, wie sie eben nur bei einer echten mündlichen Erzählsituation gegeben ist. Dazu kommt, daß das Band einer

Kassette nun einmal eine bestimmte Länge hat und gefüllt werden muß. Das bedeutet bei der epischen Erzählweise mehrere, oft eine Vielzahl von Märchen auf einmal, da jedes einzelne ja nur wenige Minuten Erzählzeit dauert. Damit aber ist das hörende Kind überfordert. Bei neueren Aufnahmen hat man nun versucht, zumindest in die Pausen zwischen den einzelnen Märchen geeignete Musik zu bringen. Sie schafft Stimmung, gibt aber auch dem Kind die Möglichkeit, Abstand zu bekommen vom gehörten Märchen und bereit zu werden für das nächste. Auch hier wieder ein Beispiel:

> Siwka-Burka. Charlotte Rougemont erzählt europäische Märchen. Europäische Märchengesellschaft, Postfach 125, 4404 Telgte

Die Märchen hier sind von der bekannten Märchenerzählerin zusammengestellt und gesprochen worden. Die Zwischenmusiken wurden eigens zu den einzelnen Märchen komponiert und von einem Konzertgitarristen gespielt. Die Europäische Märchengesellschaft hat damit eine Reihe von bedeutenden Märchenerzählern auf Kassetten begonnen.

Die Hörfolge

Hier haben wir nicht mehr die Situation des Märchenerzählens, sondern man orientiert sich am Hörspiel des Rundfunks. In dieser gemäßigten Form gibt es einen Erzähler, der an entsprechenden Stellen immer wieder abgelöst wird von Szenendarstellungen, die aber bei kleineren Kindern nicht mehr als drei Personen enthalten dürfen. Auch sollten diese drei sich stimmlich so gut voneinander unterscheiden, daß sie für das hörende Kind unverwechselbar sind. Der Musik wird in dieser Darstellungsform mehr Raum gegeben. Sie füllt die Pausen, schafft aber auch Hintergrundgeräusche und dient damit als wichtige Orientierungshilfe im akustischen Szenarium. Und wieder ein Beispiel:

> Grimm: Allerleirauh. Der Königssohn, der sich vor nichts fürchtete. Firma Liliput, Bestellnummer LMC 1076

In dieser Märchenhörfolge werden die verschiedenen Stim-

men häufig dramatisch und sehr gefühlvoll gesprochen, so
daß der Phantasie des Hörers wenig Raum mehr bleibt. Die
Musik beschränkt sich auf Eingang und Pausen und lenkt
damit zum Text hin. Denselben Effekt erzielen die dezent
eingesetzten Hintergrundgeräusche. Lange Szenen, daher
ein Hörspiel nicht vor acht Jahren.

Das dramatische Hörspiel

Für diese bisher am weitesten verbreitete und bei Kindern leider sehr beliebte Form möchte ich uns allen ein Beispiel ersparen. Mit dem Märchen, wie wir es kennen und lieben, hat
das nichts mehr zu tun. Der abenteuerliche Anteil des Märchens steht im Vordergrund, sein Menschheitswissen ist für
die Dramatik lästig und geht verloren. In der Phantasie des
hörenden Kindes können sich dabei natürlich auch keine „inneren Bilder" entwickeln. Musik, Geräusche und allerlei
Kling-Klang herrschen vor. Ein Erzähler, der sonst wenigstens noch an den Originaltext erinnert, entfällt. Alles ist in
Spielszenen umgesetzt. Diese sind unabhängig vom Originaltext frei gestaltet, nach Bedarf gelängt oder gekürzt. Ge-
fühlsäußerungen, wie sie das Märchen mit seiner Flächenhaftigkeit meistert, werden hier notfalls bis zum Sadismus
ausgespielt. Als Beispiel für anderes nenne ich nur die deutliche Wollust, mit welcher der Wolf auf manchen Kassetten
die Großmutter und das Rotkäppchen zu fressen pflegt. Hier
allerdings muß mit Recht von Grausamkeit gesprochen werden.
      All dies trifft vor allem auf die Umsetzung des Zaubermär-
chens zu. Schwankmärchen können durchaus geeignet sein
für das dramatische Hörspiel, auch Märchen mit schwank-
haften Elementen wie „Das tapfere Schneiderlein", Kettenmärchen oder überhaupt die von der derb-heiteren Sorte,
wenn sie nicht gerade der naheliegenden Gefahr verfallen,
ins Possenhafte abzuleiten. Auch Kunstmärchen sind wegen ihrer individuellen Struktur für das Hörspiel oft nicht
ungeeignet.
      Da wir nun einmal mit dem Hörspiel leben müssen, wäre
es als Idealfall anzusehen, wenn nicht (wie es meistens ge-

handhabt wird) auf eine literarische Vorlage zurückgegriffen würde – womit ja zugleich auch der Maßstab gesetzt ist –, sondern wenn sich mehr Autoren finden könnten, die eine neue, hörspiel- und plattengerechte Form des Hörspiels schaffen. Damit brauchen keine vorhandenen Werte verändert oder geschädigt werden. Das wäre dann auch eine neue Möglichkeit, vor allem für das Kunstmärchen.

Form- und Stilmerkmale des Märchens und wie sie sich auf der Kassette verändern können

- *Szenische Zweiheit:* Das Gespräch zweier Märchengestalten überblickt ein Kind leicht. Das Hörspiel vernachlässigt häufig diese Grundregel. Aus dem Dialog des Märchens wird eine aufwendige Szene mit vielen Personen. Das Kind verliert die Übersicht und wird verwirrt.
- *Wiederholung:* Wir haben im Märchen sorgfältig gegliederte Wiederholungen, meist in Dreierform oder als Ketten. Das Hörspiel mit seinem Bedürfnis nach Dynamik wuchert gern mit den Wiederholungen oder läßt sie zu plappernden Aufzählungen verkommen.
- *Kontrast:* Mit dem Stilmittel des Kontrastes will das Märchen immer eine der beiden Gestalten besonders hervorheben. Das Hörspiel bedient sich ebenfalls häufig dieses Mittels, aber um ins Gigantische zu übertreiben. Vergessen wir nicht: Es hat ja die technischen Mittel dazu. Leicht kommt es da bei den kindlichen Hörern zu Angsterlebnissen.
- *Einsträngigkeit:* Statt daß man die Handlung – wie in den meisten Kindermärchen – stetig ihrem Ende zulaufen läßt, baut man in Hörspiele häufig Rückblenden ein, wie sie in der Gegenwartsliteratur üblich sind. Damit sind Kinder des Vorschulalters und auch noch der ersten Grundschulklassen überfordert. Sie vollziehen diesen Handlungsknick nicht mit.
- *Typisierung:* Die Gestalten des Märchens unterscheiden sich vor unserem inneren Auge sehr deutlich voneinander, vor allem, weil sie keine individuellen Personen sind, son-

dern Typen. Wie macht man das im Hörspiel klar? Durch
verschiedene Stimmen, damit das Ohr weiß, wer gerade
spricht. Doch auch das kann zum Exzeß getrieben werden, indem der eine Dialekt spricht, der andere stottert
und so weiter. Auch hier heißt es: Vorsicht.

● *Flächenhaftigkeit:* Verstöße gegen die Flächenhaftigkeit
sind wohl der größte pädagogische Verstoß, denn die Flächenhaftigkeit des Märchens gewährleistet emotionale
Schonung und Welterfassen je nach Reifegrad. Das Hörspiel aber orientiert sich gewöhnlich an dem Effekt und
nicht an der Pädagogik.

Märchenkassette: Erfahrungen mit Erziehern

Nach all dem, was wir jetzt erarbeitet haben, interessiert sicher die Resonanz der zuständigen Pädagogen auf die Pro-
blematik der Märchenkassette. Ich berichte nachfolgend von
drei Versuchen, wo Eltern und Erzieher zu diesem hochak-
tuellen Thema angesprochen werden sollten.

Erfahrung 1: Volkshochschule – Großeltern, Eltern und Pädagogen, über eine Volkshochschule angesprochen, interessierten sich
herzlich wenig für das Angebot, etwas über die Märchenkassetten
zu erfahren, die ihren Kleinsten heute angeboten werden. Wer zu
den Veranstaltungen kam, waren in der Hauptsache Erzieherinnen,
die zugleich Mütter kleiner Kinder sind. Voreilige Schlüsse aus diesem Ergebnis sind erlaubt. Erstens ist man der Meinung, Märchen
sollten erzählt werden und nicht auf Schallplatten oder Kassetten
gehört. Gut so. Zweitens ist anzunehmen, daß die bösartige Rede,
Kinderkassetten seien in erster Linie zum Babysitting da, nicht so
ganz falsch ist. Auch Eltern wollen mal ihre Ruhe haben, und fürs
Märchenerzählen – so hieß es – sei der Kindergarten da. Tatsache
jedoch ist, und das wurde schließlich auch bestätigt, daß Kinder
ihre Märchenkassetten hören, und zwar zu Hause. Allein oder mit
anderen Kindern. Eltern, die das nicht wahrhaben wollen, belügen
sich selbst.

Erfahrung 2: Berufspädagogen – Zu einer anderen Vortragsserie
waren Erzieherinnen eingeladen. Hier war der Besuch mittelmäßig
bis gut. Kompliment. Denn Märchenkassetten gehören nur zu einem geringen Teil in den Kindergartenalltag (siehe oben). Wenn
das Thema also die Erzieherinnen dennoch interessiert, so des-

halb, weil das Kind in seiner Ganzheit für sie wichtig ist, also auch in seiner häuslichen Realität. Zweitens sieht eine gute Erzieherin ihre Aufgabe nicht nur in den ihr anvertrauten Kindern, sondern auch in der Elterninformation. Elternabende sind also genau der richtige Ort, um auf häusliche Probleme hinzuweisen und sie durchzudiskutieren. Zumal wenn ihre Folgen, wie etwa die der großen Medien, sich bis in den Kindergarten hinein auf vielfältige Weise auswirken. Aber für diese Aufgabe muß die Erzieherin natürlich selbst einen ausreichenden Informationsvorsprung haben. Zum dritten will der Kindergarten die Kinder nicht in einem hortus conclusus, d. h. in einem abgeschlossenen Paradiesgärtlein, erziehen, das keinerlei Beziehung zum übrigen Leben der Kinder hat. Sie sollen jetzt und hier für ihre Gegenwart erzogen werden, die sie als Glieder ihrer jeweiligen gesellschaftlichen Gruppe zu bewältigen haben. Und dazu gehört das Kassettenhören. Also ist es durchaus sinnvoll, die Kinder auch darauf vorzubereiten durch Vermittlung von Kriterien, durch positiven Umgang mit dem Medium.

Erfahrung 3: Elternabende – Großen Anklang fand das Thema der Märchen-Kassetten daher bei Elternabenden, wo die Eltern bereits bei der Einladung gezielt auf diesen Problemkreis hingewiesen und zu Information und Diskussion eingeladen waren. Die Gespräche dort waren ungemein rege, das Interesse an den vorgestellten Beispielen groß. Allerdings auch die Kritik. Den Ansprüchen der Eltern konnte letztlich keine einzige der vorgestellten Kassetten genügen, gemessen an dem Anspruch des persönlich erzählten Märchens fielen alle Kassettenversuche ab. Auch solch ein elitäres Verhalten geht an der Realität vorbei, mit der wir schließlich leben müssen. Und in der Realität ist die Zahl der Eltern, die noch regelmäßig Märchen erzählen, recht klein. Die Entwicklung von früher fast ausschließlich miserablen Märchenhörspielen bis zum heutigen Tag dagegen läßt doch auf Erfolgsschritte schließen, die zwar noch nicht zum Stein der Weisen geführt haben, aber doch recht beachtlich sind. Vor allem wenn man bedenkt, daß sie einem intensiven, stetigen Druck der Fachkritiker auf die Produktionsfirmen zu verdanken sind und dem sich daraus ergebenden langsamen Wandel des Käuferbewußtseins.

Reaktionen der Gruppen auf Kassettenbeispiele

Ein Rotkäppchenbeispiel älterer Produktion (siehe oben S. 141), das bis vor wenigen Jahren in ähnlichen Kreisen noch

Wellen der Empörung auslöste und an Grausamkeit nichts
zu wünschen übrig ließ – hier geriet es zum Heiterkeitser-
folg. Hoffentlich ein Zeichen, daß Märchenhörspiele dieser
Art (sie werden weiterhin produziert und abgesetzt) im ver-
antwortlichen pädagogischen Bewußtsein inzwischen ihren
festen Negativ-Platz haben.

Die epische Form ohne jeden musikalischen Schmuck
und Beiwerk – vor wenigen Jahren noch für Pädagogen die
bestmögliche Form, auf Kassetten Zaubermärchen darzubieten – hier fand sie wenig Freunde. Auch hier – hieß es –
müsse der Erzieher dabeibleiben, da ein Kind nicht alle vier
oder fünf Märchen einer Seite hintereinander hören könne.
In dieser Zeit hätte er auch das Märchen selbst erzählt. Zum
wiederholten Hören aber sei eine solche Kassette doch wohl
brauchbar, wurde schüchtern von einigen Müttern einge-
wandt, die tatsächlich auch einmal Ruhe zu beanspruchen
wagten. Manche Kinder liebten diese Kassetten sehr und
könnten auch mit ihnen umgehen, hieß es. Gönnen wir unter
diesen Umständen den Müttern ihr bißchen Ruhe. Ich
meine, sie haben recht. Leider meinten die anderen Teilneh-
mer das nicht. Pädagogen können hart sein, wenn es um ihre
Prinzipien geht.

Wenn die Produktion ihr Niveau weiterhin hebt wie in der
letzten Zeit, und die kleinen, experimentierenden Verlage
den Mut und die Mittel nicht verlieren, möchte man der
Märchendarbietung als Hörfolge eine recht gute Zukunft
prophezeien. Gekonnt gemacht, gut gesprochen und Musik
und Geräusche auf das Wesen des betreffenden Märchens
abgestimmt – das könnte ein goldener Mittelweg sein. Hier
sollte man auf das Überwiegen von Erzählteilen achten, die
durchaus von begrenzten, flächenhaft ausgeformten szeni-
schen Teilen unterbrochen sein dürften – was auch die Hör-
freude der Kinder in Gang hält.

Wir halten fest

Man hat inzwischen erkannt, daß die Möglichkeit der Kassette, über das Hören Phantasie zu erzeugen, genutzt werden müsse. Eine solche Einstellung verlangt entsprechend

neue Märchendarbietungen. Dann gilt – wie schon gesagt – die Feststellung, daß hauptsächlich Zaubermärchen die Schwierigkeit machen beim Übertragen ins Hörmedium. Bei Schwänken und Kunstmärchen ist das nicht der Fall. Man sollte sich daher gefahrloser solchen Märchenformen zuwenden. Bewährt sind auch Kunstmärchenformen, die eigens für das Hörmedium geschaffen wurden. Dazu ein Beispiel:

> Johanna von Koczian: Das Märchen vom Tölpel und von der Nachtigall. Das Märchen vom Erzengel Gabriel und dem Angsthasen. Schwann Hören & Lernen, Bestellnummer 22 242

Diese beiden Kunstmärchen sind von der Autorin eigens als Hörspiele konzipiert worden. Dadurch konnte auf das kindliche Hörbedürfnis eingegangen werden, und das Schwankhafte, Legendenhafte, ja sogar Zauberhafte kommt (fast) ohne negativen Beigeschmack zur Wirkung.

Pädagogik der Märchenkassette (Zusammenfassung)

Die Kassette ist also ein sogenanntes einsinniges Medium, das heißt, sie wird nur von einem einzigen unserer Sinne aufgenommen, nämlich von dem Hörsinn. Nicht, wie beispielsweise das Fernsehen, dazu noch von dem Sehvermögen. Das ist im Prinzip positiv, es überfordert nicht die Aufnahmefähigkeit des Kindes. Durch das Ohr in die kindlichen Sinne gelangt, kann das Gehörte dort die Phantasie in Gang setzen.

- Trotzdem ist die Situation nicht die gleiche wie bei der Erzählgemeinschaft Hörer–Erzähler. Der Erzähler ist nicht gegenwärtig als Geborgenheitsinstanz. Worte, Modulation, Tonfall können nicht abgeändert werden wie beim Erzählprozeß, nur weil das zuhörende Kind es erfordert.
- Durch Wegfall der Flächenhaftigkeit kann das Kind emotional leicht überfordert werden. Vor allem Schmerz und Leid können, wenn sie nicht nur genannt, sondern voll ausgespielt werden, beim Kind großen Schaden anrichten.

- Ein schlecht inszeniertes Märchenhörspiel, bei dem in der Kombination von Musik und Wort alles – selbst noch die Hörkulisse durch übertriebene Hintergrundgeräusche – mitgeliefert wird, hemmt die kindliche Phantasie. Viel eher sollte darauf geachtet werden, daß das Dargebotene eine akustische Chance darstellt.
- Nicht hoch genug einzuschätzen ist die Bedeutung der Musik. Im positiven Fall bietet sie, vor allem in den Pausen, Ruhe und Nachdenklichkeit. Dem Märchentext vorsichtig hinterlegt, bietet sie eine akustische Orientierung darüber, wo die Szene gerade spielt (an einem Wasserfall, auf einem Tanzfest am Königshof). Im negativen Fall emotionalisiert Musik die Stimmung bis zu Angst und Manipulation.
- Das so wichtige Bildarsenal der Märchen kann durchaus auch über eine Kassette vermittelt werden. Es ist von großer Bedeutung für die persönliche Entfaltung des Kindes und ein Gegengewicht gegen eine frühzeitige Intellektualisierung. Nur muß man diesen Bildern Pausen lassen – auch musikalisch untermalte –, damit sie sich einnisten können.
- Die Kassette sollte nicht der Bequemlichkeit der Erzieher dienen, sondern ihnen bei ihrer erzieherischen Aufgabe helfen. Eine gute Kassette sollte Gesprächsanreize bieten. Bei häufigem und unkontrolliertem Medienkonsum schmilzt das persönliche Gespräch zwischen Eltern (Erzieher) und Kind.
- Ebenso wichtig wie die Erarbeitung von Kriterien zu Kassetten ist eine gute „Hörerziehung" nicht nur der Kinder selbst, sondern auch der Eltern und Berufspädagogen.

Neuere Versuche

Gerade kleinere, mutige Verlage versuchen in letzter Zeit, neue Formen von Märchendarstellungen auf Kassetten anzubieten. Wir werden ja sehen. Es ist durchaus angebracht, solchen alternativen Verlagen mit integrem pädagogischem Gewissen Mut zu machen. Nachfolgend drei Beispiele:

Zugehört – Mitgemacht: Wir spielen Theater
ASCHENPUTTEL
Ein musikalisches Märchenhörspiel
Schwann Hören & Lernen, Bestellnummer 22 116

. Diese begrüßenswert neue Art, ein Märchen in das Hörmedium zu übersetzen, orientiert sich am Stegreiftheater der Kinder und will so zur Identifikation und damit zum Mit- und Nachmachen animieren. Um nicht das ganze Geschehen dieses Zaubermärchens in action umsetzen zu müssen, wurden Sänger eingesetzt, die nach Art der Moritat (auch die Instrumentierung und die Art des Vortrags sind davon inspiriert) das Geschehen kommentierend begleiten. Überhaupt wird alles von hellen Kinderstimmen, wobei Jungen und Mädchen kaum zu unterscheiden sind, gesprochen, was zwar die Identifizierung erleichtert, das Auseinanderhalten der Stimmen dagegen erschwert, wenn nicht unmöglich macht. Eine wichtige Rolle spielt die Musik in Form von Liedern und Melodien mit einfacher und leicht nachzuvollziehender Instrumentierung. Sie überbrückt Zeit- und Ortswechsel, schafft Raum für die Phantasie (z. B. wird das Fest am Königshof mit menuettartiger Musik dargestellt, die vom Getuschel der Gäste begleitet wird) und bringt etwas von dem Zauberhaften ein, was in der Handlung selbst naturgemäß verlorengeht.

Leider gehen Vorder- und Rückseite des Stückes ineinander über, so daß es vor allem ein kleineres Kind nicht durchgehend fesseln kann. Es sei denn, ein begleitender Erwachsener hielte sich an die durch Musik und Struktur des Märchens vorgegebenen Pausen und verlängere sie entsprechend. Sicher hat die Kassette keinen Mitmach-, aber ganz gewiß einen Aufforderungscharakter, der die Kinder animieren kann, einmal ein anderes Märchen in ähnlicher Weise darzustellen. Das Problem allerdings, ob solchermaßen transportierte Märchen noch Träger von Menschheitserfahrungen sind, ist auch auf dieser Kassette nicht gelöst. Es scheint tatsächlich nicht lösbar zu sein.

Wir spielen Märchen
Geschichten und Lieder zum Mitmachen und Lachen
Verlag Otto Maier, Ravensburg

Dieses zweite Beispiel unter den neueren Versuchen ist ein sogenanntes Medienpaket, das den Kassetten noch ein Begleitheft mitliefert, ein Taschenbuch mit Hintergrundinformation und Spiel-, Gesprächs- und anderen Aktivitätsanregungen für Erzieher und Eltern. Dort finden wir

Der Froschkönig

Diese Märchendarstellung ist weniger zum Mitmachen geeignet als
zum Beweis, daß die Zaubermärchen heute noch ihre Gültigkeit haben wie eh und je. Dazu wurde das Hörspiel in zwei Teile geteilt.
Der erste, kürzere, erzählt das Märchen. Aber wie! Die Brüder
Grimm kann man hier vergessen. Es wurde auf die Urbotschaft des
„Froschkönig" zurückgegriffen, und die ist eine erotische. Wie läßt
sich das darstellen, vor allem für Kinder? Das Märchen entsteht
förmlich vor den Ohren der Zuhörer. Zwei erwachsene Clowns sitzen in der Badewanne, das Wasser klatscht und die Seife ist
glitschig und das Märchen entwickelt sich für wenige Minuten. Das
Erotische bleibt im Vordergrund, aber durchaus kindverständlich.
„Ich streichle dich", sagt der eine Clown mit zärtlicher Stimme,
„wenn du mich liebhaben willst", „ja, ich will in deinem Bettlein
schlafen." Auch das Essen an der Königstafel ist sinnenhaft:
„schmatz, wie das schmeckt"! Die Verzauberung hält an, gar nie
wird der Zuhörer herausgerissen. Erst am Ende, bei der Enthüllung
des Frosches, geht das Staunen wieder über in die Realität der beiden Männer in der Badewanne.

Der zweite, längere Teil zeigt die aktualisierte Botschaft des Märchens. Erst hier wird es zu einem eigentlichen Kindermärchen, die
Botschaft heißt diesmal „Außenseiter". Das ist eigentlich schade,
wenn bei einer Aktualisierung die Botschaft wechselt. Ein Türken-
junge holt einem kleinen Mädchen sein Kettchen aus dem Gulli und
stellt – sich seiner Froschkönigrolle durchaus bewußt – gleiche
Forderungen wie dieser. Am Ende wird er als gleichwertig in die
deutsche Familie integriert. Seine Froschkönig-Hülle erweist sich
als Vorurteil, das abgelegt wird. – Bei diesem zweiten Teil bekommt
man Sehnsucht nach dem guten alten Grimmschen Text, obwohl
diese Aussage natürlich durchaus folgerichtig transportiert wurde.
Aber ist die Botschaft, so unumschrieben ausgedrückt, nicht zu einem platten Lehrstück geworden? – Auf derselben Kassette gibt
es noch ein zweites Märchen:

Blaukäppchen

Hier geht es um das vieldiskutierte Problem der Angst und deren
Bewältigung. Rotkäppchen wird in herkömmlicher Weise erzählt,
und unter den zuhörenden Kindern bekommt ein Bub, Stefan,
Angst. Daraufhin bemühen sich – alles auf der Kassette – die anderen Kinder, ihm das Märchen so vorzuführen, daß ihm die Angst
vergeht. Als das nichts hilft, funktionieren sie „Rotkäppchen" in
„Blaukäppchen" um, und siehe da, das geht gut. Nun ist die Groß-

mutter eine Oma, die Motorrad fährt, Blaukäppchen führt einen verbalen Kampf gegen den bösen Wolf („verrostetes Suppenhuhn", „Schubladentarzan"), und schließlich tanzen die beiden Frauen den Wolf so klein, daß er freiwillig im Wald verschwindet, Auch die anschließenden Lieder dienen dem Angstabbau. Märchen zu verändern – so wird da gesungen – macht so viel Spaß, wenn man die Rollen vertauscht. Oder wenn man bewußt in eine Rolle schlüpft. „Licht an, und schon gibt es keine Geister mehr, weg sind sie".

Natürlich kann ein solchermaßen verändertes Märchen das echte nicht ersetzen, sondern nur starre Vorstellungen auflockern. Im Bedarfsfall kann diese Version sicher durchaus hilfreich sein. Auch hat sie Aufforderungscharakter, wenn auch nicht zur direkten Nachahmung, so doch als Ermutigung freier Gestaltung von Märchen.

So weit einige wenige Titel, die besonders interessant schienen. Bei dieser sich anbahnenden Entwicklung darf man gespannt sein, was weiterhin aus dem Märchen als Hörspiel wird. Wie über Jahrhunderte bleibt das Märchen auch heute ein Stoff, der nicht unterzukriegen ist, und der seine alten Botschaften immer wieder neu transportiert. Aber man muß kritisch darüber wachen. Es wäre schlimm, wenn diese notwendige Aufsicht mündiger Pädagogen darunter leiden müßte, daß mangels Zuständigkeit das Problem zwischen Kindergarten, Schule und Elternhaus immer wieder hin und her geschoben wird.

Das Kindermärchen von und für heute

Das „Märchenalter"

Zuallererst widmen wir uns einem allseits großen Problem: In welchem Alter welches Märchen? Wie einfach war das noch, als man sich an den Lesealter-Katalog von Charlotte Bühler hielt oder glaubte halten zu können. Hier wurde beispielsweise die Kindheit in drei Stufen aufgeteilt: Struwwelpeteralter – Märchenalter – Robinsonalter. Das geht heute nicht mehr. Man hat erkannt, daß die geistig-seelischen Bedürfnisse bei Gleichaltrigen unterschiedlich sind, und daß Sozialisationseinflüsse und Sprechentwicklung das Lesealter entscheidend mitbestimmen. Wenn wir also nachfolgend Zahlen nennen, so sind sie immer nur als ungefähre Anhaltspunkte zu verstehen. Ich halte mich in den folgenden Angaben im großen Ganzen an die von Karl Ernst Maier in: Jugendliteratur (Verlag Julius Klinkhardt, Bad Heilbrunn 1980). Bewußt wurden als Beispiele fast nur Märchen aus den Kinder- und Hausmärchen (KHM) der Brüder Grimm genommen.

Die drei Entwicklungsstufen

Bei der Fülle der Volksmärchen gibt es zahlreiche, die nach Struktur und Inhalt für eine erste Stufe (3./4. Lebensjahr) geeignet sind. Hierher gehören Märchen mit gradliniger Handlung (Der süße Brei KHM 103), einfache Kettenmärchen mit einprägsamen Wiederholungen (Das Märchen vom dicken, fetten Pfannekuchen, aus Norwegen), drollige Tiermärchen (Das Lumpengesindel KHM 10), Themen aus dem Erlebnisbereich des Kindes (Rotkäppchen KHM 26). Wichtige Voraussetzung ist, daß die Kinder bereits über einen gewissen Reichtum an inneren Bildern verfügen und auch damit umgehen können.

Andere Beispiele: Der goldene Schlüssel KHM 200. Die Sterntaler KHM 153. Die Wassernixe KHM 79. Das Rübenziehen (aus Rußland). Der Wolf und die sieben jungen Geißlein KHM 5. Hänsel und Gretel KHM 15. Strohhalm, Kohle und Bohne KHM 18. Hans im Glück KHM 83.

Für eine zweite Stufe (etwa zwischen dem 4. und 6. Lebensjahr) eignen sich einfache Zaubermärchen mit dem Problem der Gefahr und Bewährung (Sneewittchen KHM 53), heitere, schwankhafte Heldenmärchen (Das tapfere Schneiderlein KHM 20). An Phantasie und Auffassungsvermögen des Kindes werden schon größere Anforderungen gestellt. Die Märchen dürfen jetzt verschiedene Szenen haben, aber nur ein durchgängiges Motiv.

Andere Beispiele: Froschkönig KHM 1. Brüderchen und Schwesterchen KHM 11. Frau Holle KHM 24. Tischchendeckdich KHM 36. Daumerlings Wanderschaft KHM 45.

Eine dritte und letzte Gruppe ist vor dem Schulalter nicht verständlich und auch dann nicht gleich. Hierzu werden umfangreichere Erzählungen mit mehreren Motiven und Schauplätzen gezählt, die behalten, überschaut und zueinander in Beziehung gebracht werden müssen (Der treue Johannes KHM 6), Heldenmärchen mit ernstem und abenteuerlichem Charakter (Das blaue Licht KHM 116), Märchen mit besonderem Symbolgehalt (Das singende springende Löweneckerchen KHM 88) und Märchen mit Fabel- (Der Fuchs und die Katze KHM 75), Legenden- (Die Kornähre KHM 194) und Schwankcharakter (Meister Pfriem KHM 178).

Andere Beispiele: Der goldene Vogel KHM 57. Der Trommler KHM 193. Der Eisenhans KHM 136. Das Wasser des Lebens KHM 97. Die Schöne und das Ungeheuer (aus Frankreich). Der Zaunkönig und der Bär KHM 102. Die Lebenszeit KHM 176. Die kluge Else KHM 34.

Pädagogische Märchensammlungen

Märchensammlungen für Kinder sollten mit kundiger Hand zusammengestellte Märchen aus allen möglichen Ländern enthalten. Das Kind nimmt damit teil am Schatz der Welt. Zudem sind Märchen aus einem anderen Land meist noch nicht so „gereinigt", wie das bei Grimm der Fall ist.

Sammlungen mit Altersgliederung

An erster Stelle wäre hier die dreibändige Sammlung von Richard Bamberger zu nennen: Mein erstes (zweites, drittes) großes Märchenbuch (Verlag Jugend und Volk Wien).

Diese Sammlung hat den unschätzbaren Vorteil, daß die Märchen – es sind auch ein paar Kunstmärchen darunter – nach Altersstufen geordnet sind, was die meisten Erzieher und vor allem Eltern dankbar begrüßen. Auf den Autor kann man sich verlassen, er ist einer der kompetentesten Fachleute auf dem Gebiet der deutschsprachigen Kinderliteratur. Er hat hier die schönsten und leichtestfaßlichen Märchen ausgewählt und in schlichter Sprache wiedergegeben. Der erste Band ist für das Kindergartenalter bestimmt. Nur ist nach meinen Ermittlungen dieses Werk nicht mehr, oder wenigstens nicht mehr vollständig, lieferbar. Mit seiner Erwähnung habe ich bezweckt, daß diejenigen, die es noch besitzen, auch damit arbeiten sollten. Auch im Verlag Herder erschien vor Jahren ein Einzelband Grimmscher Märchen mit Altersgliederung, der leider nicht mehr lieferbar ist. Man möchte den Verlegern Mut machen zu derartigen Ausgaben, weil die Verunsicherung wächst im altergemäßen Umgang mit Volksmärchen.

Bilderbücher mit Märchen

Über das Bilderbuch sprachen wir schon im Kapitel „Pädagogik". Es ging uns dort vor allem um die Bilder, und ob sie der Phantasiebildung des Kindes nicht zuvorkommen. Trotzdem ist es Realität, daß viele, z. T. sehr gute Märchenbilderbücher auf dem Markt sind, und wir sollten uns dafür interessieren. Bevorzugt werden die einfacheren und kindertümlichen Märchen der Brüder Grimm. Hier nun geht es uns um den Text. Beim Erzählen ist er gar kein Problem. Unser

Tonfall, unsere Mimik hat erläuternde Funktion. Aber im Bilderbuch läuft das anders. Das Kind bekommt von Geschwistern, Eltern, Verwandten vorgelesen, die meist weniger Übung haben. Dem sollte eine Textbearbeitung hilfreich sein, die im besten Fall rafft und gliedert.

Stellvertretend für andere hier als Beispiel ein Bilderbuch von Silvia Studer und Jacqueline Blass: Mein erstes Märchenbuch (Herder Freiburg). Es wurden vier Märchen der Brüder Grimm ausgewählt und vereinfacht: Kleine Sätze, einfache Handlung und vor allem: Der Text wurde in „Sinnschritte" aufgeteilt, d. h., eine Zeile ist immer so lang wie der Leseatem. Es gibt dazu auch noch einen zweiten Band „Die Märchenreise", der für das gleiche Alter gedacht ist.

Zu erwähnen wären hier auch „Kleine Märchen" von Margret und Rolf Rettich (Otto Maier Verlag Ravensburg). Diese 40 Märchen wurden neu erzählt und manchmal überraschend verwandelt. Sie sind von überall her – es sind auch Kunstmärchen dabei – zusammengetragen, und zum Vorlesen sowie zum Selberlesen geeignet. Spaßig und ein Märchenerlebnis für sich sind die vielen bunten Illustrationen, die in ihrer Weise die Handlung schildern und bewerten. Gut und lesefreundlich ist auch der zweispaltige Textsatz.

Sammlungen mit Themengliederung

Eine wichtige Volksmärchensammlung ist die von Vilma Mönckeberg: Die Märchentruhe (Verlag Ellermann München). Vilma Mönckeberg ist eine unserer bedeutendsten Märchenerzählerinnen gewesen und hat daher die Märchen nach ihrer Sprechbarkeit ausgewählt. Auch sie hat eine Gliederung gemacht, zwar nicht nach Altersstufen, sondern thematischer Art, anfangend mit Kleinkindergeschichten. Das ist auch gut, denn es gibt Situationen, wo eine Geschichte zum Lachen paßt, ein andermal passen besser Lügengeschichten, Fragegeschichten oder Legendenmärchen. Auch diese Märchen sind aus vielen Ländern zusammengestellt, und es sind manche für das Kindergartenalter dabei. Auch dazu gibt es einen zweiten Band „Das goldene Schloß", der aber keine thematische Gliederung enthält und eher für Größere geeignet ist.

Neuere Kunstmärchen

Kreidolf

Ernst Kreidolf wäre eher ein Klassiker zu nennen vom Beginn unseres Jahrhunderts, hätte er in den letzten Jahren nicht eine unglaubliche Renaissance erlebt. Das hängt mit dem wiederentdeckten Jugendstil zusammen, in dessen Formsprache er großartige und liebenswerte Kunstmärchen geschaffen hat. Aber nicht nur das ist es. Eine Zeit wie die unsere, die sich vermehrt und beinahe geschwisterlich wieder der Natur zuwendet, kommt einfach an Kreidolf nicht vorbei. Er ist wieder entdeckt und aufgelegt worden und steht den Kindern – vor allem den kleineren – zur Verfügung. Man könnte Kreidolf als einen späten Nachfahren der Romantik bezeichnen. Er malte und dichtete humorvolle und tiefsinnige Naturmythen – eine künstlerische Welt voller Zuneigung zu allem Lebendigen. Bei ihm findet das Kind – etwa in „Die Wiesenzwerge" (Rotapfel-Verlag Zürich) – eine in sich geschlossene Gegenwelt zur Realwelt. Und doch ist es keine Fluchtwelt, eher eine Projektion kindlicher Vorstellungen.

Das alte Haus

Wer kennt nicht das Buch von Wilhelm Matthießen „Das alte Haus" (Verlag Herder Freiburg)? Seit 1923 ist es auf dem Buchmarkt, aber noch heute fester Bestandteil der Kinderliteratur für das Vorschulalter. Diese vom Autor geschaffenen Kunstmärchen stehen dem Volksmärchen sehr nahe. Das alte Haus ist ein eigenes, phantastisches Reich, bevölkert mit märchenhaften Gestalten, die zwar nicht Könige oder Prinzessinnen, dafür aber ganz ländlich und naturnah sind: Das Feuermännchen, die Sumpfkerle, die Kellermännchen, die Waldfrau Immergrün, die Hexe Tannenmütterchen, der Nußknacker, die böse Hexe Spinnenkrabbel, die Kobolde und Böhmänner, der Roggenkerl und der große Zauberer Groffi Wentilator. Hier geht es nicht um große Ereignisse oder Welterkenntnis, sondern um kleine, alltägliche

Dinge. Das hat durchaus seinen Sinn. Denn im Gegensatz zum Volksmärchen haben diese Kunstmärchen von ihrem Autor eine handfeste Pädagogik mitbekommen. Sie sollen den Kindern helfen, sich auf das Leben, das auf sie zukommt, vorzubereiten. Und das ist vorerst die Schule.

Eine der Geschichten, „Das Märchen von dem guten Kartoffelkönig", ist ganz besonders beliebt. Es ist ein Kettenmärchen nach dem Vorbild des „Dicken, fetten Pfannekuchen". Nur wird der Kartoffelkönig am Ende nicht von einem Schwein, sondern – wie es jedem Kind besser einleuchtet – von armen Kindern aufgefuttert. Ich habe dieses Märchen schon mit Gemüse-Handpuppen dargestellt gesehen, und Möhre, Lauch, Blumenkohl und Zwiebel spielten mit. Es war ein großer Erfolg.

Janosch

Es gibt viele Kindergeschichten, die Anleihen aus dem Märchenarsenal gemacht haben, ohne selbst Märchen zu sein. Ihnen fehlt die Vielschichtigkeit der Volksmärchen, eher schon stehen sie in der Nähe der phantastischen Literatur, vor allem, wenn sie eine sehr deutliche Botschaft haben. So ist es auch bei dem bekanntesten Autor solcher Geschichten, Janosch (ohne Vorname, es ist ein Pseudonym).

Ganz beliebt bei den Kindern ist von ihm „Der Räuber und der Leiermann" (Rowohlt Taschenbuchverlag, Reinbek). Das handelt von einem Mann namens Pistulka aus Salesche. Er ist ein Besenbinder, der eines Tages niemanden mehr findet, der einen Besen braucht, weil alle schon einen haben. Und so will er Räuber werden. Ein richtiger, großartiger Märchenräuber. Die Botschaft, die sich jetzt entwickelt, ist eine sozialkritische, wie fast alle Arbeiten Janoschs sozialkritischen Charakter haben.

Zu Recht bekannt und beliebt von Janosch ist auch das Bilderbuch „Der Josa mit der Zauberfidel" (Parabel-Verlag München). Der kleine Josa kann mit seiner Geige Mensch und Tier, Mond und Blumen größer oder kleiner machen, wie er will. Das gibt ihm (und auch dem lesenden Kind) ein großes Selbstbewußtsein. Trotzdem macht er es immer nur, wenn er helfen kann. Bloß beim König nicht. Den fiedelt er klein, ganz klein. – Sagte ich's nicht, das mit der Sozialkritik?

Das Gute und Unverwechselbare ist, daß Janosch seine Geschichten selbst illustriert. Oder seine Bilder selbst textet, wie man will. Dadurch wird seine Aussage gewahrt, besser noch: verdoppelt.

Neue Einflüsse auf das Märchen

Das Märchen in der Anthroposophie

In der Waldorfpädagogik hat das Märchen eine hervorragende Bedeutung. Für sie lebt in ihm der Geist der ganzen Menschheit, des Mikrokosmos und des Makrokosmos. Kinder, heißt es, hungern geradezu nach diesen Frühschöpfungen der Weisheit. Und wie das Bewußtsein der Menschheit sich in Stufen entwickelte, soll auch das Kind seine Entwicklungsstufen mit Hilfe bestimmter Märchen durchleben bis zu dem Zeitpunkt, wo die Selbsterziehung einsetzt. Am Anfang aber steht die Bildernahrung der Märchen. Die vorstellungsbildenden Märchen werden hier erst ab 5. Lebensjahr für nötig befunden. Kurz und eingliedrig sollten sie dann sein wie etwa „Der süße Brei" oder so gestenreich fröhlich wie „Der arme Müllerbursch und das Kätzchen". Dem Erzählen sollten dann szenische Gestaltung und Reigen folgen. Auch die jahreszeitliche Stimmung solle beachtet werden. Und jede neue Gestimmtheit, die ein neuer Kinderjahrgang mit sich bringt. So stehen momentan die Liebe zur Erde, eine Bereitschaft zur Friedfertigkeit und eine wachsende Sensibilität für die Natur im Vordergrund. Danach müssen auch die Märchen immer wieder neu ausgesucht werden.

Noch etwas zur Wirkung auf die Kleinkinder: Sie freuen sich am Tätigkeitsstrom des Sprechenden, an der geregelten, verläßlichen Bilderwelt, wo alles im Guten endet. Vertrauen zum Leben senkt sich in sie ein. Das bedeutet Daseinsbekräftigung, Daseinsfreude. Und zu den inneren Bildern sagt Angelika Kohli:

„Wenn der Bildhunger der Kinder durch die heutige Zivilisation nicht mit Wahrbildern ernährt wird, greifen die Kinder zu den in Fülle angebotenen Zerrbildern, die nie satt machen und zur Sucht führen."
(In: Das Märchen in der Waldorfpädagogik. In: „Märchen in Erziehung und Unterricht" (Röth-Verlag Kassel)

Auch hier als Beispiel ein kleines Buch von Michael Bauer: Pflanzenmärchen (Verlag Urachhaus Stuttgart). Diese Märchen sind neugeschaffene Legenden, fromme Geschichten, die vom Heiland handeln, Maria oder dem Teufel. Mit gütiger und heiterer Weisheit soll in den Kindern ehrfurchtsvolle Betrachtung und Bewunderung der Natur und des Lebens überhaupt geweckt werden. Das Märchen wurde in den Dienst der religiösen Erziehung gestellt. Wer ein Gefühl dafür hat, spürt die Tradition der Predigtmärlein. Auch dies sind Texte zum Vorlesen.

Märchen aus der Dritten Welt

Schon im Kindergarten will man heute die Dritte Welt erfahrbar machen, ohne in Bedauern oder unangebrachtes Mitleid zu verfallen. Gerade im Kindergartenalter, in dem die Entwicklung der eigenen Persönlichkeit, die Abgrenzung zu anderen und soziales Lernen eine große Rolle spielen, will man die Kinder dahin führen, auf andere Menschen mit anderer Hautfarbe und anderer Kultur offen zuzugehen und ihre Andersartigkeit zu akzeptieren. Märchen eignen sich für diese Aufgabe besonders gut.

Man sollte das einmal bei den größeren Kindern probieren mit: Babamkhulu erzählt (hrsg. von Franz Reichhart, Verlag Herder Wien). Die meisten dieser afrikanischen Märchen sind Erklärungsmärchen. Etwa, wie eine besonders schöne Blume entstand, wie die Vögel bunt wurden, warum gerade an einem bestimmten Ort ein besonders großer Baobab steht, oder warum bestimmte Insekten so klein sind. – Sind das nicht Fragestellungen, wie wir sie auch von unseren Kindern zu hören bekommen?

Nochmals: Märchenillustration

Weil das Thema so wichtig ist, hier noch einmal eine allgemeine Stellungnahme dazu. Die große Frage heißt: Soll man für das kleine Kind illustrierte Märchen anbieten – und wie?

Solange Märchen erzählt wurden, waren Illustrationen nicht notwendig, denn Erzähler und Zuhörer sahen die Bilder vor ihrem geistigen Auge. Ihre Symbolsprache war jedem vertraut. Mit entsprechender Gestik des Erzählers weiß bei-

spielsweise jeder, wie ein König aussieht, auch wenn er noch
nie einen gesehen hat. Ein Kindergartenkind hat auch noch
keinen gesehen, auch noch keine Kutsche und keinen Vogel
Greif. Wie soll es sich die vorstellen? – Jedenfalls sollten wir
die Kinder nicht mit Bildern überfüttern, sondern ihre eigene
Einbildungskraft wecken und in Bewegung setzen.

Dazu kommt, daß die Bilder eines Märchenbuches den
Text bildhaft deuten. Das ist das gute Recht jedes Künstlers.
Das Kind aber ist damit auf eine bestimmte Deutung festge-
legt, seine Einbildungskraft ist gezügelt, wo sie sich doch
entfalten soll. Wichtig ist auch Folgendes. Walter Scherf
sagt: „Man soll das Kind nicht mit illustrierten Büchern al-
leinlassen, denn dann lernt es nur das Umblättern und Hung-
rigbleiben … Fehlt der Mitentdecker, so lernt das Kind
nichts anderes, als Bilder unausgekostet verschleißen". Tatsächlich – noch Schulkinder können innerhalb von zehn Minuten zehn Bücher konsumieren, ohne den geringsten
Nutzen davon zu haben.

Versuchen wir, Mitentdecker zu sein!

Verzeichnis verwendeter Literatur

Antiker Mythos in unseren Märchen. Röth-Verlag Kassel 1984
Bettelheim, Bruno: Kinder brauchen Märchen. Deutsche Verlagsanstalt Stuttgart 1977
Betz, Felicitas: Märchen als Schlüssel zur Welt. Verlag Kaufmann Lahr 1977
Enzyklopädie des Märchens. Sonderdruck Bd. 4 Lieferung 2/3. Verlag de Gruyter Berlin 1983
Gott im Märchen. Röth-Verlag Kassel 1982
Hartmann-Winkler, Waltraut: Lebensbewältigung im Kinderbuch. Österreichischer Bundesverlag Wien 1970
Janosch erzählt Grimm's Märchen. Beltz & Gelberg Verlag Weinheim 1972
Karlinger, Felix: Grundzüge einer Geschichte des Märchens im dt. Sprachraum. Wissenschaftl. Buchges. Darmstadt 1983
Lüthi, Max: Das europäische Volksmärchen. Francke Verlag München 1978[6]
Mallet, Carl-Heinz: Kennen Sie Kinder? Hoffmann und Campe Verlag Hamburg 1980
Märchenerzähler. Erzählgemeinschaft. Röth-Verlag Kassel 1983
Merkel, Johannes / Nagel, Michael: erzählen. die wiederentdeckung einer vergessenen kunst. Rowohlt Taschenbuch Verlag 1982
Mönckeberg, Vilma: Das Märchen und unsere Welt. Eugen Diederichs Verlag Düsseldorf 1972
Röhrich, Lutz: Märchen und Wirklichkeit. Franz Steiner Verlag Wiesbaden 1974
– : Sage und Märchen. Verlag Herder Freiburg 1976
Scherf, Walter: Lexikon der Zaubermärchen. Alfred Kröner Verlag Stuttgart 1982